這是我專屬的旅遊手冊……

貼上你最帥氣或是最水的照片吧！

我是
....

我的聯絡方式：
....

個人專線：
....

電子信箱：
....

住　址：
....

本書最主要的探險路線分成「三峽」和「鶯歌」二個部分，因此規劃的路線分成二大主題，每個主題路線中都有許多單元，包括了知識補給站、路線圖及說明、各站活動、吃喝玩樂以及個人活動紀錄等，希望能幫助你在旅程中得到更多的知識，也希望你有更多不一樣的收穫。旅程中點點滴滴的回憶，不管是門票票根、紀念戳章、車票、心得等紀錄，也都不要忘記隨手保留下來喔！

進入主題探險路徑前，也不要忘了先翻到前面的「行前準備」，看看小博士的細心叮嚀，讓你的旅遊過程更加安全也更加順利。爸爸媽媽也請翻閱「爸爸媽媽資訊站」的小小提醒，幫小朋友留意一些沒注意到的事情，使您們可以放心讓孩子們快樂自由行！

本書的使用方法是這樣的：

小朋友看這邊：

ONE 行前準備：
這部分是讓你準備這趟旅程中要攜帶的物品，並了解在途中要注意的事情。

TWO 知識補給站：
讓你先對目的地有一些基本的認識，並靠著自己的能力去搜集資訊，安排行程。

THREE 路線圖及說明：
讓你知道目的地的位置和此次活動的範圍，並針對會經過的景點稍加說明。這部分的地圖在闖關過程中相當重要，記得要多注意一下各個景點的位置喔！

小朋友的爸媽看這邊：

爸爸媽媽資訊站：

爸媽看看這裡，能讓小朋友的這趟旅程更加順利，玩得更開心，也讓您更安心喔！另外，交通工具的選擇、如何把小朋友順利帶到活動關卡等問題，都有勞您多多費心了。

小朋友看這邊：

ONE 活動關卡：

讓我們一起到各個景點去探險吧！每站都有為你特別設計的小活動，站中的「你知道嗎？」專區，更為你提供額外的知識，讓你在做中學、學中玩，成為真正的「三鶯小博士」！

TWO 吃喝玩樂特區：

讓你可以品嘗一路上的美食、嘗試DIY製作紀念品、買買在地小東西的「好康抱馬仔區」。

THREE 我的旅行日記：

想要將旅程中的回憶長長久久收藏在心頭嗎？書中特別保留了許多記錄區，讓你用不同的方式，把一路上的點點滴滴、所見所聞給記錄下來喔！

邊走邊看

好好整理你旅遊歷險行程中的點點滴滴，並且大方地展示出來和親朋好友一起共享吧！每站活動中如果有不清楚的問題，可以到三民網路書店找找答案喔！
（http://www.sanmin.com.tw/）

打道回府

小朋友，趕快來當導遊，邀請三五好友和爸媽兄弟姊妹，一起來三峽和鶯歌探險吧！

作者有話要說啦！

中國古時諺語：「讀萬卷書，行萬里路。」西方教育學者杜威也提出希望我們的孩子能從「做中學」。世上很多的事情是我們要去親身體驗，看到、聽到、嘗到，才能真正有所體會的。所謂「如人飲水，冷暖自知」，同樣的人文情境、同樣的旅遊路線，給不同的人去經歷，相信都會有不同的感受；更別說是在不同的時節，和不同的家人朋友一起出遊，相信其中的回憶更是不相同。

什麼年紀可以開始旅行呢？我們通常會認為一定是成人吧！其實，現在的孩子成熟得快、獨立得早，年紀還小就可以開始旅行了，像我的學生當中，就已經有人在小學五年級便和同學一起搭公車、捷運出遊，到西門町去玩的了。所以規劃旅行的能力是可以讓孩子從小培養的；讓孩子從小開始練習規劃旅遊行程，在過程中考量交通和許多因素，不僅可以訓練孩子獨立學習的能力，也不會每次旅遊規劃都讓爸媽唱獨角戲。彼此討論更是增進親子關係的好方法之一呢！

所以，這本書就是希望當作孩子與家長的旅遊工具書，書中已經規劃出景點如何玩還有設想旅行中許多可能會遇到的狀況，更在每個景點附上了遊戲學習單；您可以和孩子一起討論規劃行程，一起創造出旅行的回憶，相信這是

一個很棒的過程。

　　此書能完成，我首先要感謝三民書局的編輯們在過程中提供我許多的協助，還要感謝一直支持我的盈秀和峰誠，不管在何時都給我最棒的鼓勵，有您們，才有此書的誕生。

許芳菁　2007年

行前準備

嗨，親愛的小朋友好，我是三鶯小博士，我對三峽、鶯歌的各項歷史和文化可說是無所不知、無所不曉！歡迎你翻開《小小導遊──三峽、鶯歌好玩耶！》這本書，只要你擁有了這本三鶯探險祕笈，就可以和我一起盡情遨遊在三峽和鶯歌這兩個深具文化氣息的城鎮中了。

哇！我都興奮的口水直流囉！

我是小牛角寶寶，是小博士的寵物，我對三峽、鶯歌的了解也不少呢！

你知道嗎？在三峽和鶯歌這二個文化城鎮中有許多好玩的地點、有趣的事物，和好多好吃的東西呢！這裡呀，融合了古樸的文化氣息和新鮮的事物體驗，你不僅可以觀賞古老的建築、體驗以前古人的文化，還有還有，你還可以DIY做出獨一無二的紀念品，真是充實又有趣呢！

出發前別忘了再確認一下：

1. 衣著：
走走看看需要走路久站，所以鞋子以球鞋、休閒鞋、平底鞋為主；參觀室內時多有空調，山上天氣也是飄忽不定，除了身上穿得休閒、輕鬆之外，記得多帶一件外套喔！

3. 筆和這本導覽手冊：
本書有空白區域可以隨時記下心得或素描作品，還有可以收集門票、參觀指南、車票等等紀念小物的地方喔！

2. 背包：
可以選擇斜邊背包或雙肩後背包，這樣既可以裝隨身物品，又可以空出雙手，方便活動。

4. 工具和用品：
照相機、零錢（悠遊卡）、手機（如果是和朋友一起出遊，記得隨時報平安，不讓爸媽擔心）、雨具和飲用水等。

5. 基本禮儀：
到任何地方都要注意相關規定，輕聲細語，緩步前進。只要有禮貌，保證你到哪裡都無往不利！

準備好和我一起探險三峽與鶯歌了嗎？HAPPY～GO！

親愛的爸媽：

每次出門總是由您焦頭爛額的思考該帶孩子們去哪裡遊玩嗎？哪裡才是好玩又能學習到知識的景點呢？該是讓孩子們自己決定的時候了！就請您幫助他們藉由這本工具書，自己規劃、安排旅程，不再只是隨處走馬看花，而能真正吸收知識，成為名副其實的「小小導遊」！

交通方面

您可以自行開車前往三鶯旅遊，「知識補給站」中也提供了各景點的定位資訊，讓使用衛星導航的爸媽能夠更方便的設定目的地。但是假日鶯歌陶瓷老街管制車輛進入，請特別注意。

您還可以到交通部國道高速公路局查詢相關路況，網址為：http://www.freeway.gov.tw/。這裡也整理了主要停車場的資料給您參考。

三峽

＊長福停車場：位於長福橋頭。那裡也有許多民營停車場。

鶯歌

＊陶博館停車場：位於陶博館後方，每小時20元，可憑門票折抵2小時停車費。

＊環河路停車場：位於陶博館對面環河路沿線，免收停車費。

＊三號公園停車場：位於陶瓷老街前，每小時30元。

＊重慶街停車場：位於陶瓷老街後街，由建國路方向進入。一天50元。

裝備方面

三峽與鶯歌的旅遊多以步行的方式進行，
請注意小朋友的穿著是否適合。冬天前來
自然要注意保暖；夏天則室外容易晒傷，室
內多有空調，一不小心還會著涼，所以記得要
準備一件長袖襯衫或外套。

進行鶯歌石登山步道的行程時，請注意飲用水是否充足。儘管步道
大多已鋪上水泥，走來不很費力，但若天氣過於炎熱，仍會造成水
分大量的流失。

參觀方面

在參觀室內景點時，請特別留心相關規定。例如在陶瓷博物館只要
不用閃光燈就可以拍攝，但是李梅樹紀念館卻是完全禁止拍攝，別
不小心違規了。

假日一日券旅遊

由於三峽與鶯歌相鄰，許多人常將兩地搭配成一日遊的行程。如果
在星期例假日來到這裡，還可以選擇「假日一日券」的套裝旅遊。
購買假日一日券的遊客，除了可在當日無限次搭乘往來於三峽、鶯
歌兩地的「假日文化巴士」，還包括了陶瓷博物館、台北縣客家
文化園區，以及李梅樹紀念館等地的入場
券，相當划算。在陶瓷博物館或是文化
巴士上，都可以買得到。

1

探訪之路

陶瓷藝術新故鄉
──鶯歌

探訪
之路
2

建築廟宇、人文
生態休閒新天地
三峽

知識補給站

一、認識篇

1. 鎮名由來

「三角湧」為三峽之舊名，以地處大漢溪、三峽湧、橫溪三河匯流之處，因而得名。

到了日據時代（民國9年），仿大陸長江上游「三峽」地名改稱為「三峽庄」。民國30年，居住在這裡的人民漸漸增多，稱為「三峽街」。台灣光復後改為「三峽鎮」。

2. 三峽特色

三峽從廟宇藝術、巴洛克式建築、古董古藝品、藍染傳承，到大自然原始步道，都充滿了濃厚的原始風味。

以道教為主要信仰的三峽，廟宇遍布，全鎮中心的「祖師廟」，以木刻、石雕、銅塑的質材，以及精細繁複的圖案著稱，享有「東方藝術殿堂」的美譽。其他還有祭拜媽祖的「興隆宮」、古典雅致的「宰樞廟」、山區香火鼎盛的白雞「行修宮」、莊嚴的「慈惠堂」等，都是三峽人民的信仰中心。

祖師廟旁邊的民權老街也是三峽的特色。老街曾是三峽商業最蓬勃的地區，今天，在巴洛克式紅磚瓦建築下，是一間間古色古香的商家，將三峽過去的繁榮細細收藏見證。

三峽也是一個進行生態之旅的好地方，這裡擁有豐富的森林與山區資源，市區中的「鳶山」，是在城市裡吸收芬多精的最佳場所。開車再往山上走去，有許多自然生態區和森林遊樂區，都值得你有空時前來細細觀賞品味。

二、想知道更多？看這裡

如果你在出發前，想知道更多的相關資料，建議你可以到這些網站去逛一逛或是打電話去詢問喔！

1 交通工具——

搭火車

因為下站地點的不同，要選擇不同的轉乘公車才能到三峽喔！

鶯歌火車站下：桃園客運、聯營833

桃園火車站下：桃園客運

樹林火車站下：首都客運、聯營702

＊ 交通部台灣鐵路管理局：http://www.railway.gov.tw/

搭公車

要看清楚你搭的是幾號公車喔！

台北客運：台北－三峽

台北客運、桃園客運：台北－大溪

聯營公車：275、702、703、705、706、812、833、908、910、916

捷運接駁公車：藍19、藍43、藍45、藍4

三重客運、首都客運：三峽－圓環

＊ 桃園客運網站：http://www.tybus.com.tw/

＊ 台北大眾運輸公車營運資訊：http://www.taipeibus.taipei.gov.tw/

搭捷運

不要搭錯線喔！

中和線景安站下可轉搭908

板橋線新埔站下可轉搭910、藍19

土城線永寧站下可轉搭藍43、藍45、藍46、916

＊ 台北大眾捷運股份有限公司：http://www.trtc.com.tw/

2 參觀資訊站——

(1)三峽鎮公所：(02) 2671-1017

　　http://www.sanshia.tpc.gov.tw/index.asp

(2)三角湧文化協進會：(02) 2671-8058

　　http://www.sanchiaoyung.org.tw/

(3)三峽古蹟——老街之旅：

　　http://www.easytravel.com.tw/action/sanshia/

　　小博士在下一頁為你整理了許多景點與店家的資料，咦？你說小博士搜集得不完全？你還從別的地方（網路、書籍……）找到了資料？那就把它們記下來吧！

	景點／店家名稱	地址／電話／經緯度	開放／營業時間	備　註
1	三峽拱橋	東經：121° 22' 25.7" 北緯：24° 56' 3.9"		
2	宰樞廟	台北縣三峽鎮秀川街28號 東經：121° 22' 17.5" 北緯：24° 56' 2.7"	開放：0700〜2100	廟宇的開放時間大多相同，但是要注意廟中服務人員是有上班時間的喔！他們的上班時間約是0800〜1700
3	三峽祖師廟	台北縣三峽鎮長福街1號 (02)2671-1031、8674-3836 東經：121° 22' 12.4" 北緯：24° 56' 1.7"		
4	民權老街	台北縣三峽鎮民權街 東經：121° 22' 11.0" 北緯：24° 56' 0.1"	為開放空間，若要參觀獨具特色的建築，則24小時均可前往參觀；但若是要進入個別商家購物，那就要注意各家營業的時間唷	http://www.sanchiaoyung.com.tw/
5	興隆宮	台北縣三峽鎮民權街50號 (02)2671-5643 東經：121° 22' 9.4" 北緯：24° 56' 0.2"	開放：0600〜2000	http://www.sanshia-shinglunggung-matzumiau.com.tw/
	三峽鎮公所	台北縣三峽鎮中山路17號 (02)2671-1017 東經：121° 22' 8.5" 北緯：24° 56' 3.1"	開放：週一至週五 0800〜1200， 1300〜0500	鎮公所的叔叔阿姨們都很熱心呢！有問題儘管問，別害怕唷 http://www.sanshia.tpc.gov.tw/
	三峽歷史文物館	台北縣三峽鎮中山路18號 (02)8674-3994 東經：121° 22' 9.1" 北緯：24° 56' 4.2"	開放：0900〜1700 （1630後禁止入館） 公休：週一	
	三峽染工坊	台北縣三峽鎮中山路18號（歷史文物館內） (02)8671-3108 東經：121° 22' 9.1" 北緯：24° 56' 4.2"	開放：1000〜1600 公休：週一	DIY藍染體驗：每週六、日1000〜1200，1300〜1600。大方巾200元，小方巾150元可在三角湧文化協進會預約報名：http://www.sanchiaoyung.org.tw

6	長福橋	東經：121° 22′ 16.6″ 北緯：24° 55′ 58.9″		行人專用步道，可以放心行走喔
	李梅樹紀念館	台北縣三峽鎮中華路43巷10號 (02)2673-2333 東經：121° 22′ 22.0″ 北緯：24° 55′ 49.7″	開放：每週六、日 1000～1700 週一至週五需團體預約參觀	1. 參觀費用每人50元 2. 可安排團體導覽三峽祖師廟及紀念館，共需時約二小時三十分 3. 未滿12歲兒童請由家長陪伴參觀 4. 館內禁止攝影、飲食、吸煙 http://www.limeishu.org/
吃吃喝喝美食走透透	福美軒餅鋪	台北縣三峽鎮信義街25號 (02)2671-1315 東經：121° 22′ 15.5″ 北緯：24° 56′ 8.1″	營業：0800～1700 公休：週一	http://kk13793.hi178.com/
	三角湧黃金牛角	台北縣三峽鎮大同路79號 (02)2673-3335 東經：121° 22′ 32.4″ 北緯：24° 55′ 39.3″	營業：0600～1800 公休：週日	
	康喜軒金牛角	台北縣三峽鎮中華路74-5號 (02)2673-1689 東經：121° 22′ 21.4″ 北緯：24° 55′ 51.7″	營業：0900～2230	可以體驗金牛角DIY喔 http://www.kissbread.com.tw/
	三角湧輕便車站	台北縣三峽鎮中山路40號 (02)2673-8467 東經：121° 22′ 6.7″ 北緯：24° 56′ 3.9″	營業： 1130～1400， 1700～1900 公休：週二	若要吃飯的話，一定要先打電話預約，告知時間還有人數，才有法子準備喔
	三角湧醬菜茶館	台北縣三峽鎮長福街12號 (02)2673-1899 東經：121° 22′ 11.7″ 北緯：24° 56′ 1.4″	營業：0800～1900	
	長福飲食店	台北縣三峽鎮長福街17號 (02)2671-9543 東經：121° 22′ 13.7″ 北緯：24° 56′ 1.1″	營業：1100～2000	
	榕樹下小吃店	台北縣三峽鎮民族街47之2號 (02)2673-6790 東經：121° 22′ 10.2″ 北緯：24° 55′ 48.4″	營業：0900～1800 公休：週一	

下車了，三峽到囉！

為了在最短的時間內玩到最多的景點，小博士這次為你規劃的行程範圍都在市區內，讓你輕鬆暢遊三峽都市發展的精華地段。

別以為這就是三峽的全部喔！山區裡的自然生態與森林樂園，雖然不在這次的行程中，但是它們都在期待著你的蒞臨。有機會的話，一定要去一覽究竟。

1 三峽拱橋
2 宰樞廟
3 祖師廟
4 三峽鎮公所
5 三峽歷史博物館
  （三峽染工坊）
6 長福橋
7 李梅樹紀念館

1 民權老街
2 金聯春
3 洽和油舖
4 興隆宮
5 仁愛街

金聯春

民權老街上巴洛克立面建築的代表。擁有自由、動態的外形，裝飾富麗，雕刻精美。

治和油舖

民權老街上最寬闊的街屋。不僅有精心設計的玻璃窗格，還裝飾有彩色玻璃，讓立面增色不少。

興隆宮

據說，在二次世界大戰時，美軍對台轟炸，興隆宮的媽祖娘娘用裙襬接下了所有砲彈，使三峽地區安然無恙……。

仁愛街

街道旁的西式洋房，彷彿帶我們回到了過去的那段時光……。

行程說明

老街是三峽昔日最繁榮的商業街區，至今仍完整保留著日據時代以來的商業街屋，將三峽過去的榮景細細收藏見證。沿著民權老街而下，再拐入鄰隔的仁愛街，踏在裝飾精巧的路面上，看著兩旁巴洛克式紅磚瓦建築下，一間間古色古香的商家，就連吸入的空氣都變得那麼別有風味……。

第 **1** 站

**▶▶▶ 三峽地標
——拱橋**

　　小朋友，下公車之後，相信你遠遠就可以看到三峽的拱橋了。這是三峽有名的地標，只要看到拱橋就知道三峽到啦！

你知道嗎？

三峽拱橋

這座橋最初興建於日據時代的1933年，是日本設計師杉村庄一的作品。橋身造型流俐與優雅兼具，外形採拱形設計，橋的中央及兩邊還裝飾有西式的燈座。到了晚上，橋身亮起盞盞燈火，映著河面倒影，真是美極了。

　　這座混凝土建造的拱橋，迄今已有60多年歷史了，古樸的拱形橋身，據說是一段段接上的，是三峽鎮很醒目的地標，也是當地人的驕傲之一，更是遊客喜愛的景點。

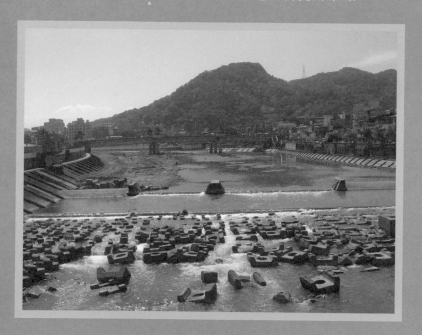

　　從拱橋上方，可以眺望三峽的自然景觀，流經橋下的三峽溪是三峽最重要的溪流之一唷！往上游方向看，前方聳立的是三峽的鳶山；右手邊建築物密集處為三峽的街市中心，全鎮主要商業活動都集中在此，吃喝玩樂樣樣俱全，遊完老街可再繞過來逛逛呢。

　　小朋友，仔細瞧瞧，橋上有_____座拱圈？

　　特殊且優雅的造型，讓它成為許許多多畫作的主角。你也試著把它畫下來或拍照留念吧！

接下來，我們下橋，沿著拱橋旁的河堤往前走。走在這條石砌的小路上，哇！可以發現特殊造型的排水溝蓋唷！我們來瞧瞧有什麼不同的花樣與風景。

▲ 以三峽拱橋為主題的水溝蓋

你有發現不一樣的設計嗎？趕快記錄下來且拍照留存喔！

以（　　　　　）為主題的水溝蓋

▶▶▶ 民宅形式
的宰樞廟

　　從三峽拱橋旁的河堤往前走，右方是頗具風味的古樸矮屋
建築，左前方可見長福橋。沿著此路前行約五分鐘，仔細
看，有一片空地，宰樞廟到囉！

　　典雅樸素的宰樞廟，廟齡比祖師廟少了
八年，雖不像一般廟宇那麼華麗繁複，卻
有一股沉靜的風味。

　　廟裡面供奉的主神是_____，
為李氏宗親興建，由後代七房（幾乎
與三峽劃上等號的李梅樹爺爺，他的
家族即為其中一房）在每年農曆3月3日
輪流舉行祭祀儀式，祭拜由家鄉帶來的神
祇。

你知道嗎?

隨先民渡海而來的神祇
當初先民渡海來台灣之初,要面臨重
重的困難與挑戰,所以為求神明保
佑,多會從故鄉寺廟祈求香火或攜帶
神像來台,以求平安。
等會要看到的興隆宮媽祖和祖師廟清
水祖師,也都是屬於先民當時的心靈
寄託喔!

看看宰樞廟的建築格局，你判斷它是屬於什麼樣式的廟宇建築呢？

單殿帶護龍

狹長形三殿

牛角寶寶，你知道嗎？

當然……不知道。

兩殿兩廊

回字形三殿

我的答案：

　　廟的正門有一副對聯，是用紅底金漆寫成，把它們都抄下來吧：

_____

_____

　　試著分析門口這副對聯的意涵是什麼（可以請教廟裡的大人唷！）：

_____

_____

_____

_____

_____

_____

_____

_____

第3站

◆◆◆ 東方藝術殿堂
　　　——祖師廟之
如何拜拜

　　小朋友，離開宰樞廟之後，沿著河堤繼續前行，接著就會發現十分熱鬧的廟埕。耶！我們到了聞名中外的清水祖師廟囉！

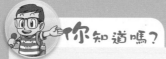

你知道嗎？

祖師廟小歷史

祖師廟歷經三次重建。它初創於清乾隆34年(1769)，道光13年(1833)因大地震毀壞而重建。甲午戰爭戰敗後，台灣成為日本殖民地，但三峽居民不願被日本統治，於是以祖師廟為大本營，展開抗日行動。可惜最後仍然失敗，日軍遂焚毀廟堂洩恨，直到光緒25年(1899)才再度重建。後因年久失修，民國36年(1947)，由當地畫壇藝術家李梅樹主持，展開第三次重建工程。李爺爺將畢生歲月投入弘揚中華藝術，把中國傳統的建築雕刻之美，做最精采的呈現，所以此廟又有「東方藝術殿堂」之美名。

◀ 每年農曆的正月初六是清水祖師爺的生日，在祖師廟前會舉行盛大的「賽神豬」慶典唷！有機會，一定要在當天一大早就來瞧瞧

　　小朋友，台灣的廟宇很多，你懂得如何拜拜祈求、抽籤嗎？不懂沒關係，跟著小博士一起來學習吧！

　　首先，小博士先來教大家如何拜拜。

　　第一步，我們要先了解共有幾個神龕，才能根據神龕的數量來取香。再來，將香點燃，從外面的天公爐開始拜起（背對祖師廟，臉朝外面）。

　　此時，在心中默念自己的姓名、年齡、住址，和希望達成的心願，祈求神明的幫助。

　　接著，從中間正殿進入，拜主神祖師爺（心中的祝禱和上面一樣）。再來往右拜東護室的日神，繞一圈之後再到西護室拜月神，如此便完成囉！相信有祖師爺的保佑，再加上自己的努力，你的夢想一定會實現的！

請你去請教服務台的大人們，告訴你祖師廟有幾個神龕吧。

我知道了！我要拿＿＿支香。

你知道嗎？

拜拜的禁忌

「拜拜的時候不可以亂說話……」重視民間習俗的長輩，總認為亂說話對神明而言，是很沒有禮貌的。除此之外，進到廟裡、拜拜總是有一些行為上的忌諱：

一、拜拜前要洗手，穿戴整齊，懷著恭敬安寧的心情。

二、祭品不可用已拜過或食用過的東西。水果拜前要清洗乾淨。

三、燒紙錢時要一張一張對折，然後投入金爐中。

四、掉在地上的香，不可以撿拾起來再使用。

其實啊，這些禁忌都是要我們學會對神明抱著虔敬尊重的心，即使信仰不同，也不要看輕別人，這樣才是對的。看廟會活動也是如此唷！

　　如果你還有想請教祖師爺的事，不妨抽籤看看，或許可以得到祖師爺給我們的啟示喔！

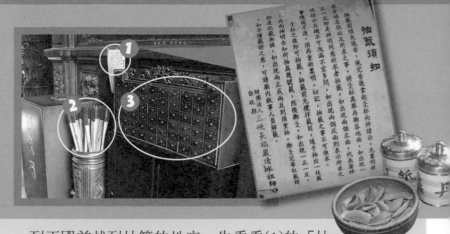

到正殿前找到抽籤的地方，先看看(1)的「抽籤須知」，把方法記起來吧！以後到任何廟宇求籤都是這樣做喔！

你知道照片中的(2)是什麼東西嗎？(3)又是放什麼的地方呢？

我知道了！(2)是＿＿＿＿＿，(3)是放＿＿＿＿＿的地方。

（我也把自己抽到的籤詩貼在下方吧！）

這首籤詩的意義是：

＿＿＿＿＿＿＿＿＿＿
＿＿＿＿＿＿＿＿＿＿
＿＿＿＿＿＿＿＿＿＿

大吉……
大吉……

▶▶▶ 東方藝術殿堂 ──祖師廟之 深度之旅

　　小朋友，拜完祖師爺也抽完籤了，接著，讓我們來看看到底三峽祖師廟有什麼特別的地方吧！為什麼它會被譽為「東方藝術殿堂」呢？現在，讓我們一起找答案！GO！

一、認識三峽祖師廟

　　請在正確的□中打 ✔。

　1.清水祖師的本名是什麼呢？

　　　□①陳後主 □②陳珪 □③陳昭應。

　2.祖師廟的原名又是什麼？

　　　□①龍山巖 □②長福巖 □③德安巖。

　3.你知道祖師廟至今一共重建了幾次嗎？

　　　□①一次 □②三次 □③五次。

看我的厲害。

……真的可以嗎？

二、祖師廟的各區建築特色

　　祖師廟以純粹古法建造，是 ▢ 門 ▢ 殿式的廟宇，它有好多迥異於其他廟宇的特色喔！現在就跟著小博士與牛角寶寶，試著找找以下描述的特色，並一邊回答小博士的問題。

【三川殿】

1. 一般在進殿時，我們會從面向廟門的 ▢ 方進入，因為古風水「左青龍，右白虎」（這是指寺廟面對馬路而言），所以以前的人認為如果從面向廟門的 ▢ 方進入，就像羊入虎口一樣不吉利呢！

2. 因為一般廟宇正面往往開 ▢ 個門，並立形成「 ▢ 」字的樣子，所以又叫做「三川門」，今天就讓我們先從中門來看看吧！

3. 進門一看，門上的雕塑栩栩如生，人物姿態豐富而圓潤，這是因為當初惟恐廟宇遭爐煙燻燒、日晒雨淋，故以 ▢ 質製作的原因。這可首開了傳統廟宇之先例呢！一般的廟宇都只是以木門為主喔。

4. 三川門中門的雕塑分別是 ▢ ，東門、西門分別是代表風、調、雨、順的四大天王。

5. 小朋友，你來試著連連看四大天王代表的各是什麼含意吧！

增長天王，手持寶劍◎　　　　　◎象徵「風」

多聞天王，手拿寶傘◎　　　　　◎象徵「調」

廣目天王，手持小龍◎　　　　　◎象徵「雨」

持國天王，身盤琵琶◎　　　　　◎象徵「順」

6. 鎮門石獅的雕刻既靈活又富動感，仔細瞧瞧石獅嘴中所含的▢▢，和嘴巴一體成形，這可是藝師們的巧手製成的呢！

7. 進門後，抬頭仰望正上方，哇！是不是很漂亮呢？這個美麗的建築叫做「▢▢▢」，在製作的時候，完全不用一根釘子，只利用▢▢的搭接，便能由下而上，層層疊到屋脊喔！這可是中國傳統建築中，非常特殊且繁雜的裝飾技術呢！

【龍門廳】

三川廳的右手邊即是龍門廳，又稱東門廳，它和左手邊的虎門廳（西門廳）互相對稱。

1. 門框前的石鼓，上方有龍形浮雕，下方有伏臥的獅子和花草。你知道它們有著什麼樣的功用嗎？

_____

_____

_____

2. 此處最特殊的是橫梁與小柱子交會的獅形「＿＿＿＿＿」。

3. 這裡的獅座真是美侖美奐，獅子胸前的垂鍊及鈴鐺，甚至可以靈活轉動呢！仔細瞧瞧，你看得出這些獅座是用什麼方式製成的嗎？是①整塊木頭雕成，還是②黏接，或是③釘製而成的呢？

我的答案：

【東護室】

1. 東護室裡供奉的是_____，神像通體金黃、耀眼奪目。

2. 兩尊銅塑的守護神為腳踏小鬼、手中分別持著寶劍與琵琶的_____天王與_____天王。

【正殿】

1. 這裡供奉著_____，是祖師廟最重要的殿堂，因此各種雕飾都極盡華麗。

你知道嗎？

黑臉的清水祖師爺

正殿中央即為清水祖師爺，猜猜看為什麼他的臉是黑的呢？據說他和惡鬼鬥法，被煙火連燻七日七夜不死，面色因而變黑。惡鬼們佩服他的功力，便願意追隨他，成為殿中陳列的張、黃、蘇、李四大將軍。

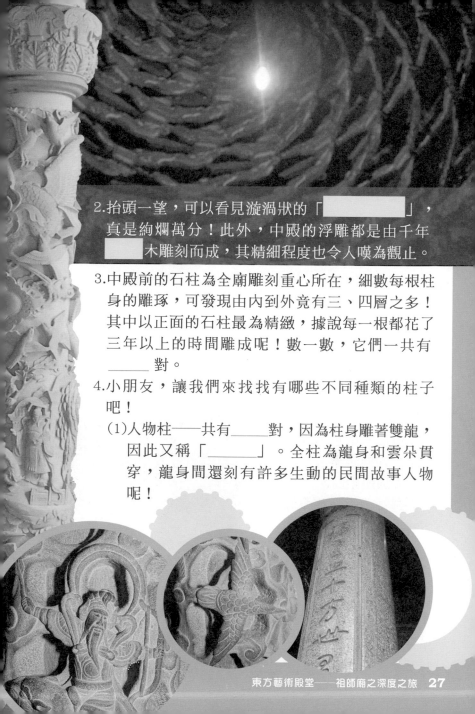

2. 抬頭一望，可以看見漩渦狀的「▢▢▢▢▢▢」，真是絢爛萬分！此外，中殿的浮雕都是由千年▢▢▢木雕刻而成，其精細程度也令人嘆為觀止。

3. 中殿前的石柱為全廟雕刻重心所在，細數每根柱身的雕琢，可發現由內到外竟有三、四層之多！其中以正面的石柱最為精緻，據說每一根都花了三年以上的時間雕成呢！數一數，它們一共有＿＿＿對。

4. 小朋友，讓我們來找找有哪些不同種類的柱子吧！

   (1)人物柱——共有＿＿＿對，因為柱身雕著雙龍，因此又稱「＿＿＿＿」。全柱為龍身和雲朵貫穿，龍身間還刻有許多生動的民間故事人物呢！

(2)花鳥柱——蒼勁有力的老梅樹
枝上，棲息著姿態不同的小
鳥。由於每支柱子各有50
隻小鳥，所以又稱為「＿＿
＿＿＿＿＿＿＿＿」。

(3)花崗石柱——在正殿的內
側，豎立著＿＿＿＿對帶有黑
點的花崗石柱，雖然它們沒有
華麗的雕刻，但這可是台灣光復
後，李梅樹爺爺特地從圓山買回來的，相當具有歷史
價值喔！

(4)往下的門口階梯旁，各有一隻＿＿＿製的獅子，一般廟
宇中極少看到這種金屬材質的獅子呢。

【西護室】

1.在東護室的正對面是西護
室，裡面供奉著＿＿＿＿，
神像通體銀白。

2.守護神為手持寶傘和小龍
的＿＿＿＿天王與＿＿＿＿天
王，和東護室合成「日月
同光」、「風調雨順」之
意。

【虎門廳】

　　三川殿的左手邊即是虎門廳，又稱西門廳，它和右手邊的龍門廳（東門廳）互相對稱，也同樣有著美觀富麗的木雕作品。

1.這裡有兩塊木雕，以卓越的構思及雕工，在有限的空間中，表現出多層次、複雜而不混亂的效果，被公認是全廟木雕中最精采的作品。你知道這兩塊木雕上的故事情節，是出自哪一部中國古典小說嗎？

　　（　）①《西遊記》　②《封神演義》　③《三國演義》。

2.這兩塊木雕又是誰的作品呢？

　　（　）①李如松　②李林甫　③李松林。

【鐘樓、鼓樓】

　　在東護室和西護室上面，各自架著鐘樓和鼓樓，非常突出。通常廟裡有法會時會鐘鼓齊鳴，增加熱鬧氣氛。

1. 兩者屋頂皆是_____角形、_____層簷，色彩妍麗、拼裝精巧。

2. 仔細看！屋脊上有六條龍喔！你知道它們又被稱作什麼嗎？

　　（　）①六龍護塔　②七級浮屠　③九層塔。

　　小朋友，到這裡，我們已經將祖師廟繞完一圈了，你是不是對祖師廟更了解了呢？別急別急，還沒結束呢！聰明的你，應該已經歸納出祖師廟在雕塑的技法上，最主要可以分成_____雕、_____雕、_____雕了吧？。

連這個也要查書啊？

回答不出來的話，就看看下面的圖吧！

在觀察祖師廟雕刻藝術的同時，你有沒有覺得很奇怪，有好多地方被鐵欄杆圍了起來，甚至是被壓克力透明板給關了起來耶！為什麼呢？

原來啊，由於以前常有民眾隨手敲打藝術品，把一些雕刻都弄壞了，所以祖師廟委員會便決定在一些比較重要或精采的雕刻外面，加上了壓克力透明板或鐵欄杆的保護。雖然這些保護措施是為了保護古蹟本身，但由於沒有好好的規劃，看起來真的是使藝術品的價值降低了許多。

我們擁有「東方藝術殿堂」，但是如果大家都不好好愛護，以後就沒有機會看到這麼棒的作品了！

恭喜你！做完這些深度探勘，你也是祖師廟小博士囉！下次或許你可以帶好「麻吉」一起來，由你來當個盡職的導覽員，好好的帶領大家吧！

你知道嗎?

民權老街

民權街原名三角湧街，是三峽早期的市集中心。今天見到兩旁的建築，是日據時代以後才重建的。

在老街上，你可以看見各式各樣的古老房樓，外觀雕刻精巧，整體的規劃具有濃濃的古早味。據說，當年建造老街所使用的磚塊，都是從日本遠渡過來的哩！目前三峽老街所保存的部分，僅剩民權街一處，是全台灣現存最完整的老街。

三峽老街最有名的就是它的建築特色了！這裡融合了閩南式的「亭仔腳」（騎樓）和歐洲巴洛克式裝飾立面的建築，漫步其中彷彿回到了過去。這股濃濃的懷舊風味，實在讓人玩味再三、不忍離去呢！

你知道嗎？

亭仔腳

為了因應炎熱多雨的氣候，中國華南地區的人們特別為建築物的門口，設計了一個往外延伸的空間，既可做為行人遮風避雨的走廊，也可以提供商家做生意的需要，也就是現在我們慣稱的「騎樓」。先人們是不是很聰明呢？

由於老街上的商家在當年都是富有的人家，所以建築的形式和建材，在這一帶都是一流的。不僅許多建材都是從外地進口，有些建造師甚至還遠從英國請來；也因此，這些建築多半是歐洲巴洛克風格呢。

你知道嗎？

巴洛克建築

巴洛克建築的典型特徵為外形自由、追求動態、喜好富麗的裝飾和雕刻，以及強烈的色彩。建築師時而穿插從複雜的幾何圖形中變化而成的複雜圖形，如曲面和橢圓形空間，或是規則的波浪狀曲線和反曲線等，賦予建築物更多的動感。

　　讓我們一起來尋尋寶，看看老街有什麼特殊的寶藏吧！

　　首先，讓我們一步步來認識這民權老街的建築風格。試著找找以下描述的特色，並回答小博士的挑戰吧！

一、牌坊的刻字

1. 在老街許許多多建築的正面，都可以見到寫有商家店名的匾額框。它們可不是隨便亂取的唷！你來猜一猜，哪一個不是這些店名可能的來源？

　（　）①姓氏 ②行業 ③年號。

2. 仔細算一算，當中以刻有什麼字的店最多呢？

　（　）①油 ②染 ③食。

不難不難，
與三峽的特
色有關唷！

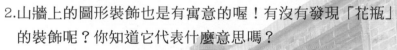

二、不同造型的山牆

1. 老街上房子樓面突出的
   部分，呈現種種不同的
   外形，通常＿＿＿＿部分
   較高，＿＿＿＿部分較矮，
   傳統稱為「山牆」或「牌
   樓」。雕刻精細，紋路豐富，為
   平淡的建築物本身增添了不少風味。

2. 山牆上的圖形裝飾也是有寓意的喔！有沒有發現「花瓶」
   的裝飾呢？你知道它代表什麼意思嗎？
   （　　）①平安 ②貧窮 ③平均。

   小朋友，試著找找看，還能找到什麼圖樣？猜猜它代表的
寓意又是什麼呢？

三、建築材料與建築風格

　　老街的建築以「清水磚」為主要材料，形狀整齊，稜角方正，看起來就是典雅素樸的古典造型。另外一種常見的建材則是「洗石子」，經水輕微沖洗過的石面，使得雕刻紋樣更具有立體感。

　　經過小博士的解說，相信分辨兩者對你應該是件容易的事吧？哪一個是清水磚，哪一個又是洗石子呢？

【金聯春】

　　巴洛克立面建築以門牌53號的「金聯春」為代表，咱們一起去瞧瞧吧！

1. 仔細觀察「金聯春」的外型，你能不能說出這幢建築物是由幾個部分組成的呢？

   我知道了：＿＿＿＿＿＿＿＿＿＿＿＿＿＿＿＿＿＿＿＿

   ＿＿＿＿＿＿＿＿＿＿＿＿＿＿＿＿＿＿＿＿＿＿＿＿＿＿＿＿

2. 「金聯春」的山牆有許多華麗的雕刻。你可以發現左右有＿＿＿＿、＿＿＿＿的浮雕，而且還鑲著黃色的眼珠呢！

3. 柱頂的部分有圓球型及獎盃型等多樣的造型的建物，稱為「＿＿＿＿＿」。

4. 屋身的正面，刻寫著店號的匾額。因為「金聯春」早期是一間染坊，所以在山牆下有一塊細長的匾額，上面寫者「本染坊不惜重資精撰原料＿＿＿＿＿＿＿＿＿＿」。

5. 往下看看「金聯春」的柱子。連接柱與梁的柱頭部分，是仿古希臘的多利克式圓柱，但以下以紅磚砌成的柱身為四方柱體，而非圓柱體。

   有沒有看到一個可以放下來，與門板形成90度的平板？猜一猜那是前人用來做什麼用途的呢？

   我知道了：＿＿＿＿＿＿＿＿＿＿＿＿＿＿＿＿＿＿

你知道嗎？

多利克式建築　　　　　　　　　(© ShutterStock)

這是源自古希臘的一種建築梁柱的技術。與其他古典建築方式相比，多利克式建築的柱梁較為粗大、寬厚，柱身有20條溝槽，且柱頭沒有特別的裝飾。

【洽和油鋪】

在「金聯春」右邊的「洽和油鋪」，是老街上最寬闊的街屋。

仔細觀察「洽和油鋪」的柱頭，是屬於仿＿＿＿＿＿式的柱頭。二樓不僅有精心設計的玻璃窗格，還裝飾有彩色玻璃，讓立面增色不少呢！

四、柱頭

在柱頭方面我們可以粗略分成以下二種，請你找一找在哪家大屋可以看到？也要將整間大屋拍下來唷！

◎仿多利克式柱頭

這是大屋門牌＿＿＿＿＿號

◎「磚疊澀」柱頭

在台灣民宅極為常見，以磚片層層相疊突出或內縮的「磚疊澀」。

可以在大屋門牌＿＿＿＿＿號看到

五、獨具特色的女兒牆

　　除了華麗的立面之外，這裡也有不少較為簡樸的街屋值得欣賞喔！它們沒有裝飾繁複的山牆，僅在屋頂正面加蓋高約100公分，俗稱「女兒牆」的小牆。

你知道嗎?

女兒牆
稱為女兒牆，是以前為了讓未出嫁的女兒，可以躲在牆下偷看街景以及往來行人而設計的。民權老街上的女兒牆，是在建築正面的上方加蓋小牆，高度約33公分左右，有實心、鏤空和加裝匾額框等作法。

　　小朋友，請你試著找一找，還有哪幾間街屋建有女兒牆呢？記得把門牌抄下來，並拍下照片唷！

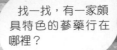
找一找，有一家頗具特色的蔘藥行在哪裡？

（貼上照片）

這是大屋門牌＿＿＿＿＿號

　　找完了知識的寶物，接下來我們來看看老街上有哪些「有呷又有拿」的好寶物吧！

　　隨性的走著，你可以發現到有許多的玩藝兒，若你能用心，到處可見讓人眼花撩亂的早期文物，種類繁多，令人咋舌稱奇。我們可以把老街目前的行業分成「舊行業」和「新興行業」。

　　舊行業部分有：染坊、布莊、雜貨店、棺木行等。

　　新興行業有：藝品店、具特色的餐飲店、DIY銅雕、繪畫店等。

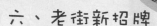

六、老街新招牌

　　老街現在的新招牌很可愛呢，
能清楚的表達出這家店賣的東西喔！
你來試著猜一猜，這些商店分別是在賣些什
麼呢？

這家店面是賣：

_____

這家店面是賣：

_____

這家店面是賣：

_____

你自己也來創造設計招牌吧！

我要賣：_____

第5站

▷▷▷ 興隆宮參拜媽祖娘娘、仁愛街異國風建築、三峽歷史文物館

在老街的街頭，有一座面寬開闊，以紅、金兩色為主調的興隆宮。這是座祭祀媽祖娘娘的廟宇。

興隆宮創建於清乾隆47年(1782)，在老街上屹立了200多年之久。據說，在二次世界大戰時，美軍對台轟炸，媽祖娘娘用裙襬接下了所有砲彈，使三峽地區安然無恙，所以興隆宮一直擁有許多信徒，終日香火不輟。一起進去拜拜吧！GO！

你知道嗎？

興隆宮的門神

興隆宮正門左側的門神，聽說眼睛特別靈活，你走到哪裡祂的眼神就跟到哪裡；右側門神的眼睛就不會動，因為兩扇門是由不同的師父繪製的。

小朋友，你左右繞一圈試看看吧。看是不是真如傳言左側門神的眼神會跟隨著你呢？

再往前走個幾步，就是仁愛街了，這裡有三棟特殊的建築，請你來找一找吧！

一、 磚紅色的三合院

（貼上照片）

這裡是一家從日據時代就開設至今的醫院，名稱是_____醫院。

二、 白牆黑瓦的日式房舍

（貼上照片）

這裡是第一任三峽鎮長陳炳俊後代的住所。雖然曾經拆掉，但因屋主念舊，希望保持以往的日式風格，才得以原貌重建。

三、紅白相間的洋樓

（貼上照片）

來到仁愛街和中山路的交叉口，一座紅白相間的英式樓房就出現在眼前。這座洋溢著歐式情調的建築，一樓有老街屋的拱廊，正門口也有仿古希臘神殿的多利克圓柱。外表裝飾雖不多，但窗台上的拱形設計，優雅的鐵製花台，都使這座建築增色不少。

中山路上有一棟巨大氣派的巴洛克式建築，它那幾乎有四層樓高的圓柱，以及圓柱上的山牆，真是氣勢非凡。它就是三峽鎮公所新大樓。

◀ 來錯時間可是會被擋在門外
的喔

　　新鎮公所的對面，就是舊鎮
公所原址囉，現在闢為「三峽
歷史文物館」。

　　當然啦！與現在的鎮公所新大樓相
比，民國17年修建完工的歷史博物館，顯得有些老舊；但
是你知道嗎？70多坪大的歷史博物館，融合了日式與歐洲
巴洛克式的建築特色，在當年啊，不僅是三峽地區最富麗堂
皇的建築，更號稱是「台灣最美麗的辦公大樓」呢！

　　文物館分為兩層，一樓以交流展為主，經常更換展示各地
的民俗藝品及文物。二樓則是常態展，有關三峽的歷史、文
化、古蹟保存等，都以珍貴的照片、實物及配圖加以說明，
裡面還有老街的模型可以讓你參考喔。

　　聰明的你，參觀完歷史文物館後，對三峽以前的基本產
業，是不是有了更進一步的認識呢？

你知道嗎？

三峽的染布事業
舊時因為清澈的溪流匯集，使三峽具備了染布的良好水質，加上淡水河的
水運便利，一將布匹運入三峽染完色後，即可順流運往萬華，再大量銷至
福建、上海等地，因此這裡可是清代北台灣最重要的染布業中心喔！

從文物館左側的小路走進去，我們就可以看到古色古香的「三峽染工坊」了，裡面有藍染DIY的體驗與藍染手工製品的販賣喔！

▲ 利用這些工具，你也可以做出獨一無二的藍染手巾

◀ 運用藍染的技術，原來可以做出這麼多日常生活用到的物品

試試你對藍染的了解有多少吧！

1. 藍染的主要原料是（植物）：＿＿＿＿＿＿＿＿＿＿＿＿。

2. 此染色植物冬天會開出＿＿＿＿色、筒狀的花朵。

3. 染布的順序是：＿＿＿＿浸泡／打藍＿＿＿＿漂洗／晾晒
   ＿＿＿＿輾布／繃布＿＿＿＿建藍／染布。

   （請你在＿＿＿＿中標出1、2、3、4的先後順序吧！）

第 **6** 站

◖◖◖ 長福橋、
李梅樹紀念館

哇！不知不覺，我們快把三峽舊有的文化區給逛一圈了呢！當然，最後絕對不能錯過的就是「李梅樹紀念館」，好好認識這位對維護三峽傳統文化貢獻良多的李爺爺吧。

我們再沿著來時路回到祖師廟。相信你剛剛一定也有看到屹立在祖師廟正前方的一座橋，那就是「長福橋」了。橋上好熱鬧喔，讓我們一起去瞧瞧！

你知道嗎？

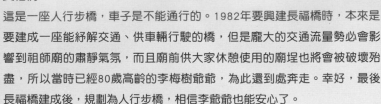

長福橋

這是一座人行步橋，車子是不能通行的。1982年要興建長福橋時，本來是要建成一座能紓解交通、供車輛行駛的橋，但是龐大的交通流量勢必會影響到祖師廟的肅靜氣氛，而且廟前供大家休憩使用的廟埕也將會被破壞殆盡，所以當時已經80歲高齡的李梅樹爺爺，為此還到處奔走。幸好，最後長福橋建成後，規劃為人行步橋，相信李爺爺也能安心了。

　　走到橋上，發現好多不同姿態的石獅子正迎接著我們呢！小朋友你發現了嗎？石獅子有分成公獅子和母獅子喔！請仔細觀察：哪一邊是公獅子，哪一邊是母獅子呢？

　　我發現了！＿＿＿＿邊是公獅子，因為＿＿＿＿＿＿＿＿＿＿＿＿

＿＿＿＿＿＿＿＿＿＿＿＿＿＿＿＿＿＿＿＿＿＿＿＿＿＿＿＿＿＿＿＿

＿＿＿＿＿＿＿＿＿＿＿＿＿＿＿＿＿＿＿＿＿＿＿＿＿＿＿＿＿＿＿＿

＿＿＿＿邊是母獅子，它的腳下踏的是：＿＿＿＿＿＿＿＿＿＿＿＿

 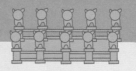

長福橋上的石獅子

長福橋上共有120隻石獅子，都是由大陸進口的石材雕製而成，雖然沒有祖師廟中的石獅子那麼精細，但是也別有一番風味呢！

　　從背面也可以判斷獅子的雌雄喔！猜一猜，這是公獅子還是母獅子呢？

　　我知道了！這是＿＿＿＿獅子，因為

_____

　　咦？不知道是不是趕工過急了，怎麼在母獅子堆中，發現了公獅子的身影呢？大家來找碴！你來找一找，共有多少隻石獅子被錯放了呢？

　　我發現了！總共有＿＿＿＿隻具有公獅子身體特徵的石獅子被錯放了。

　　這給了你什麼感覺呢？

_____

_____

哇！橋上有好多人喔！我們來看看他們在幹嘛？

有人在表演打陀螺耶！我也可以請叔叔、阿姨們讓我試試看。別害羞，那裡的叔叔、阿姨都很好客的喔！

我也來打陀螺。趕快請爸媽拍下我厲害的模樣吧。

（貼上照片）

體驗完打陀螺，再看看橋上還有什麼新奇有趣的攤販，讓我一一記下來吧。請選出一種你覺得最特別的，並和它合影，留下紀念吧！也別忘了，把你喜歡的原因寫在一旁喔！

▲ 也有些傳統療法在這裡設攤呢。哇！燻耳蟲呀，真有趣

▲ 還有好吃的東西耶

（貼上照片）

我心中的第一名是：
_____，
因為_____
_____
_____

　　咦，怎麼遠遠看到橋上的欄杆有被塗寫的痕跡呢？仔細一瞧，好多地方都被人寫上了名字，或是一些不好的字句呢！

　　你覺得他們為什麼要這麼做呢？

_____
_____
_____

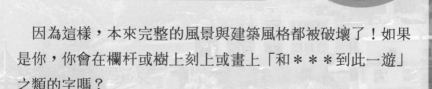

　　因為這樣，本來完整的風景與建築風格都被破壞了！如果是你，你會在欄杆或樹上刻上或畫上「和＊＊＊到此一遊」之類的字嗎？_____

　　為什麼？_____
_____

　　你覺得用什麼方式，也可以達到紀念的效果呢？

_____
_____

下了橋，再往前走幾分鐘，就可以到達「李梅樹紀念館」了。紀念館設立的宗旨是為了紀念畫家李梅樹(1902～1983)爺爺。李爺爺生前致力於藝術創作和美術運動，一輩子堅持以東京美術學校習得的寫實路線，擁抱台灣鄉土之美，因此被稱為台灣美術運動中的「萬里長城」。

館內分成三大區，分別是「文物陳列室」、「展覽大廳」和「櫃檯及販賣部」。

進去館中，先來看看李梅樹爺爺的畫作風格吧。在台灣繪畫史的研究中，一般將李爺爺的創作風格分成早、中、晚三個時期，分別代表＿＿＿＿＿＿時期、＿＿＿＿＿＿時期以及＿＿＿＿＿＿時期。

你區分得出來，李爺爺的畫在這三個時期各有什麼特色嗎？＿＿＿＿＿＿＿＿＿＿＿＿＿＿＿＿＿＿＿＿＿＿＿＿＿

＿＿＿＿＿＿＿＿＿＿＿＿＿＿＿＿＿＿＿＿＿＿＿＿＿

 你知道嗎？

（本圖像經財團法人李梅樹文教基金會—李梅樹紀念館授權，僅供本出版品使用）

李爺爺的畫

你發現了嗎？李爺爺畫裡面的人物像真人一樣，彷彿快從畫裡走出來了呢！那是因為李爺爺早期去東京留學時，正是寫實主義蓬勃發展的時期，再加上受到照相技術的影響，所以李爺爺的畫不僅注重光影的變化，還栩栩如生喔！不信的話，就看看這張「小憩之女」吧！

　　李梅樹爺爺喜歡用繪畫來記錄生命，畫裡景色都是三峽為人所熟知的地方，畫中人物也都是李爺爺身邊的親朋好友。咦，你發現了李爺爺有畫下今天早上我們才到過的三峽地標——「三峽拱橋」的畫了嗎？

畫的名稱是：＿＿＿＿＿＿＿＿＿＿＿＿＿

逛完之後，讓你最有感覺的一幅畫是：＿＿＿＿＿＿＿＿＿

為什麼？＿＿＿＿＿＿＿＿＿＿＿＿＿＿＿＿＿＿＿＿＿＿

＿＿＿＿＿＿＿＿＿＿＿＿＿＿＿＿＿＿＿＿＿＿＿＿＿＿＿

＿＿＿＿＿＿＿＿＿＿＿＿＿＿＿＿＿＿＿＿＿＿＿＿＿＿＿

　　李梅樹爺爺主持祖師廟的重建工作30多年，為了維護廟埕的景觀四處奔走，終其一生都奉獻給鄉里，現在我們才能來三峽享受這一趟充滿文化氣息的旅行。你想對李爺爺說些什麼嗎？

＿＿＿＿＿＿＿＿＿＿＿＿＿＿＿＿＿＿＿＿＿＿＿＿＿＿＿

＿＿＿＿＿＿＿＿＿＿＿＿＿＿＿＿＿＿＿＿

金牛角

三峽

小朋友，眼尖的你一定發現了，三峽什麼店最多呀？是呀，就是「金牛角專賣店」！

不知道從何時開始，金牛角已經成為三峽的招牌小吃囉！你可以各買一、二隻吃吃看，就可以找到自己最喜愛的口味囉！

【福美軒餅鋪】

這間在三峽字號最老的金牛角麵包店，從民國47年成立至今，已經將近有50個年頭了。創始人羅福清先生不僅以金牛角聞名，傳統糕餅、西點麵包等也是他的拿手項目。目前，福美軒已經傳到第三代，還在文化路上成立「羅密歐與茱麗葉」，專售甜點與蛋糕。來到三峽，你一定不能錯過這家金牛角麵包的始祖！

【三角湧黃金牛角】

純手工製作的金牛角麵包，外皮酥脆，口感紮實，一口咬下，奶香四溢，讓你不禁食指大動。

【康喜軒金牛角】

除了販售好吃的金牛角麵包，康喜軒特有的「金牛角冰淇淋」也是熱門產品。此外，這裡還能讓你DIY，自己動手做金牛角。在老街中也可以看到分店的店面喔。

特色飲食

【三角湧輕便車站】

原為三角湧文史工作室的負責人林月珠女士，結合餐飲、茶藝，營造出優雅的人文環境，提供當地的民眾和藝文團體，一個聚會、談心的舒適場所。

【三角湧醬菜茶館】

以三峽古地名為名的茶館，到今天已經經營25年了喔！除了各式以手工製作、吃起來甘甜順口的豆腐乳、辣椒醬、破布籽、菜脯等古早味醃漬美食，這裡還有當地自製的茶葉，配以古色古香的布置，提供你休息歇腳的好去處。

陶瓷藝術新故鄉
鶯歌

1

文化古蹟之旅

2

鶯歌陶瓷博物館

3

陶瓷老街新體驗

山林寺廟訪幽之旅

知識補給站

一、認識篇

1. 鎮名由來

　　鶯歌舊時叫做「鶯歌石庄」，因為在北面山脈的斜坡，有一塊長得像隻鶯歌鳥的巨石，稱為「鶯歌石」，所以就以「鶯歌」做為小鎮的名稱。

　　以「鶯歌」為名，正好也傳神的點出了這裡的環境特色。原來，以前由於製陶業興盛，街上處處可見高聳的煙囪，一天到晚吐著濃密的黑煙，就算是出了大太陽，舉目所見也盡是灰濛濛的塵埃。如果下起了雨，空氣中的灰塵便紛紛被雨水打落地面，造成四處泥濘不堪，所以當地俗諺說：「好天落『塊』，下雨落『糕』。」「塊」與「糕」分別是灰塵和泥濘的閩南語發音，「塊糕」、「塊糕」，慢慢就變成了「鶯歌」了！是不是很有趣呢？

　　日據時期，這裡與樹林都屬於台北州海山郡鶯歌街，光復後才正式分出鶯歌鎮為獨立的行政區。

2. 鶯歌特色

　　提到鶯歌，一定會聯想到陶瓷。鶯歌陶瓷的發展，從清朝嘉慶年間開始，至今已經有超過200年的歷史了。日據時代，傳統的製陶方式逐漸轉為現代化與機械化，奠定了今日鶯歌的陶瓷成就。

　　台灣光復後，由於與日本終止貿易的往來，鶯歌陶瓷便正好填補了台灣陶瓷市場的空窗期，鶯歌的陶瓷業因而得以迅速的壯大起來。1971年之後，瓦斯窯設備的引進，使得鶯歌製陶的技術，以及各種陶瓷的產量，如日用陶瓷、建築陶瓷、衛浴用陶瓷、藝術陶瓷等，都獲得迅速的提升。這時，鶯歌已經是名副其實的陶瓷重鎮了。

　　近年來，陶瓷製作的技術持續創新，不斷朝精緻化與休閒化的趨勢發展，也為鶯歌陶瓷開啟了另一種風貌。

二、想知道更多？看這裡

　　如果你在出發前，想知道更多的相關資料，建議你可以到這些網站去逛一逛或是打電話去詢問喔！

1 交通工具——

搭火車
假日搭乘火車到鶯歌，可避開擁塞的車潮，只要選擇有停靠鶯歌火車站的列車即可。
* 交通部台灣鐵路管理局：http://www.railway.gov.tw/

搭公車
桃園客運：桃園－三峽
聯營公車：702
捷運接駁公車：藍19
* 桃園客運網站：http://www.tybus.com.tw/
查詢電話：(03)375-3711
* 台北大眾運輸公車營運資訊：http://www.taipeibus.taipei.gov.tw/

搭捷運
捷運板橋線新埔站下可轉搭910、藍19
* 台北大眾捷運股份有限公司：http://www.trtc.com.tw/

2 參觀資訊站——

(1)鶯歌鎮公所：0800271181、(02)2678-0202
http://www.yingge.tpc.gov.tw/
(2)鶯歌陶瓷博物館：(02)8677-2727
http://www.ceramics.tpc.gov.tw/
(3)鶯歌觀光導覽：
http://yingo.area.com.tw/
(4)Tony的自然人文旅記：
http://www.tonyhuang39.com/

　　小博士在下一頁為你整理了許多景點與店家的資料，咦？你說小博士搜集得不完全？你還從別的地方（網路、書籍……）找到了資料？那就把它們記下來吧！

	景點／店家名稱	地址／電話／經緯度	開放／營業時間	備　註
1	成發居	台北縣鶯歌鎮文化路235號 東經：121°21′13.7″ 北緯：24°57′11.2″	內部不開放	這兩幢文化路上碩果僅存的老街屋，經歷了賀伯颱風的摧殘，已無法入內欣賞。未來將拆遷重建於陶瓷博物館的陶瓷公園內
	汪洋居	台北縣鶯歌鎮文化路275號 東經：121°21′12.5″ 北緯：24°57′10.6″	內部不開放	
2	鶯歌陶瓷博物館	台北縣鶯歌鎮文化路200號 (02)8677-2727 東經：121°21′8.3″ 北緯：24°56′57.5″	開放： 週二至週五： 0930～1700（1630停止售票） 週六、日： 0930～1800（1730停止售票） 公休： 每週一（逢國定假日則照常開放）	票價：全票100元、優待票70元、早午茶券135元、65歲以上長者以及身高120公分以下兒童免費 三鶯假日文化巴士的套票在這裡販賣喔（請參見「爸爸媽媽資訊站」） http://www.ceramics.tpc.gov.tw/
3	釉之華～活的陶瓷教育館	台北縣鶯歌鎮重慶街55號2樓 (02)8677-2547 東經：121°21′0.4″ 北緯：24°57′4.9″	營業：0900～1800	體驗課程：手拉坯、捏陶、彩繪等教學（提供窯燒、作品寄送服務） 其他服務：鶯歌文化古蹟導覽、陶瓷展售、風味餐飲 可容納200人，團體需預約 http://www.ccv.org.tw/yingge/
	老街驛站	台北縣鶯歌鎮尖山埔路48號 (02)2679-2144 東經：121°20′54.2″ 北緯：24°57′3.8″	營業：1000～2000	體驗課程：手拉坯、玩陶等教學（提供窯燒、作品寄送服務） 其他服務：特色餐飲 可容納100人，需預約
	陶笛丫志	台北縣鶯歌鎮重慶街65號 (02)2670-8070 東經：121°20′59.8″ 北緯：24°57′5.3″	營業：1030～1830	除了這間鶯歌店外，丫志還有九份店和內灣店喔
	新旺陶藝紀念館	台北縣鶯歌鎮尖山埔路81號 (02)2678-9571 東經：121°20′51.3″ 北緯：24°57′3.0″	營業：0900～1800 公休：週二	體驗課程：手拉坯、捏陶、彩繪、手掌印、陶板、瓷磚彩繪等教學 其他服務：陶瓷藝品展售、早期製陶流程導覽、咖啡簡餐 可容納120人，團體需預約 http://www.hsin-wang.com/ http://www.shuandws.com/

	碧龍宮	台北縣鶯歌鎮中正一路建德巷12號 (02)2679-5842 東經：121°21′58.4″ 北緯：24°57′44.3″	開放：約0700～2100左右	廟宇的開放時間大多相同，但是要注意廟中服務人員是有上班時間的喔！他們的上班時間約是0800～1700 宏德宮全球資訊網： http://www.xunbin.net/
資訊補給站	宏德宮 （孫臏廟）	台北縣鶯歌鎮中正一路303巷1號 (02)2679-4029 東經：121°21′22.69″ 北緯：24°57′29.10″		
	鶯歌石	東經：121°21′30.8″ 北緯：24°57′32.6″		
	富貴陶園人文藝術餐廳	台北縣鶯歌鎮重慶街96-98號 餐廳：(02)2670-5250 藝廊：(02)2670-3999 東經：121°21′52.2″ 北緯：24°57′3.5″	餐廳營業： 1100～2200 藝廊營業： 1030～2000	名為「人文藝術」的富貴陶園，是一間集美食與陶藝於一家的餐廳 http://www.fugui.idv.tw
吃吃喝喝美食走透透	勇伯垃圾麵	台北縣鶯歌鎮中正一路157號 0936-552362 東經：121°21′9.0″ 北緯：24°57′22.7″	營業：1600～0130	勇伯垃圾麵與彰鶯肉圓、阿婆壽司、鶯歌蚵仔麵線合稱「鶯歌四大美食」喔
	彰鶯肉圓	台北縣鶯歌鎮行政路35號 (02)2670-6654 東經：121°21′6.8″ 北緯：24°57′21.2″	營業：1100～1930	不要跑到中正一路73號的舊地址去喔
	阿婆壽司	台北縣鶯歌鎮中正一路63號 (02)2670-9345 東經：121°21′8.4″ 北緯：24°57′14.5″	營業：0500～2100	
	鶯歌蚵仔麵線	台北縣鶯歌鎮中正一路108號 東經：121°21′8.4″ 北緯：24°57′17.7″	營業：中午以後才開賣，生意好的話，5點不到就關門囉	
	南雅路夜市	台北縣鶯歌鎮南雅路 東經：121°20′52.3″ 北緯：24°57′14.5″	營業：既然叫「夜市」，太早來當然是還沒開的囉 1600～2300	路邊攤各式小吃，如水煎包、臭豆腐、蚵仔麵線等，應有盡有 http://www.ccv.org.tw/23907

「提到鶯歌，你會想到什麼？」將這個問題拿去問十個人，恐怕十個人都會回答你：「陶瓷。」沒有錯，鶯歌又號稱「台灣景德鎮」，是全台灣陶瓷文化發展的重鎮，只要想到鶯歌，就一定會想到陶瓷，反之亦然。走在鶯歌路上，隨處可見以精湛技術做出的華麗街飾，將年代久遠的建築，裝飾得美侖美奐。陶瓷博物館自民國89年開館至今，吸引了無數遊客的前往。製陶歷史超過200年的陶瓷老街也在經過重整以後，以全新面貌出現在國人眼前，這一切的一切，好像都在宣告著新鶯歌的誕生。在蛻變的同時，鶯歌仍保留著它豐富又珍貴的原始資產，橫貫東西的鶯歌石登山步道，賦予廢棄的運煤古徑生命力，緩緩帶我們深入那充滿傳說色彩的山間林地……。這就是小博士與牛角寶寶要帶給小朋友的體驗。

雖然很可惜的，由於時間以及困難度的關係，今天我們只來得及走完第一條從文化路古厝造景到陶瓷博物館，再到陶瓷老街的路線。但是小博士仍帶領你到「鶯歌石步道訪幽」，希望下次你準備得更充分、時間更充裕時，能夠前去一遊，以徹底體會鶯歌之美。

1 文化路古厝造景　　**1** 碧龍宮
2 鶯歌陶瓷博物館　　**2** 鶯歌石
3 陶瓷老街　　　　　**3** 宏德宮（孫臏廟）

鶯歌石

相傳明朝末年鄭成功在台灣的時期，鶯歌地區有一隻怪鳥，俯伏山腰，吐出瘴氣蔽天，迷人耳目，進而將之吞食……。

宏德宮（孫臏廟）

這是全台灣第一座，至今也是全省最大的孫臏廟。廟堂後方的孫臏神像，高度竟然超過6公尺！看著牆壁上以石雕刻劃的一則又一則傳奇故事，彷彿回到了戰國時代……。

行程說明

這三處由鶯歌石登山步道貫穿的景點，遠離都市的繁華塵囂，等待有心人的探訪。與花鳥為伴，走在僻靜深幽的山林中，盡情享受芬多精的滋潤，好不愜意！但是這條路線對小朋友的負擔可能有點大，請與爸爸媽媽討論過後再決定怎麼進行比較好喔！

如果只想單純的選擇某一個景點觀察，那麼可以請爸爸媽媽開車帶你上山（只有鶯歌石需要停在附近街道步行上山），碧龍宮與宏德宮均有停車場。而如果將車子停在任何一處，勢必還要回來取車；且即使三峽鶯歌假日一日券之旅的文化公車有碧龍宮站，也僅是到山腳下的碧龍巷口而已，因此如果想要徹底走完本條路線，恐怕得用步行的了。

第 1 站

►►► 文化古蹟
之旅

　　鶯歌不愧是台灣陶瓷之鄉，沿街的牆壁上，有許多地方都鑲上了獨特的陶磚技術，將原本灰撲撲的街道，裝飾得色彩繽紛！跟著小博士來，你將會看到更多、更美麗的景致唷！

　　從鶯歌火車站文化路出口出來右轉，沿路朝著陶瓷博物館的方向走，你就會看到最具代表性的鶯歌最後古厝──「成發居」和「汪洋居」了。這可是鶯歌經過都市的演化與改建之後，少數還遺留下的古蹟建築，一定要去瞧一瞧。

一、成發居

　　「什麼？這……這幢廢墟似的建築，就是鶯歌最後古厝之一的成發居？」

　　小朋友，相信你一看到這幢建築，心裡面一定會浮現出這個問題

吧？你沒看錯，這的確就是建立於西元1919年的成發居。
想必你接下來的問題會是：「怎麼會變成這麼破舊呢？」

　　是呀，因為前幾年賀伯颱風肆虐後，屋齡悠久的成發居傾
倒了一半，已經被歸為危樓了！而且在不久的將來，因為文
化路的拓建工程，成發居以及稍後會見
到的汪洋居等古蹟，都將不再存在了
……。所以要好好把握機會，仔細
用眼睛觀察，用相機把它捕捉在記
憶中喔！

不過這兩幢古建
築，未來會全棟
拆遷到陶瓷博物
館的陶瓷公園，
不要太難過喔！

▲ 連招牌都被叢生的
　雜草給擋住了

　　雖然因為是危樓而不能太靠近，不過別擔心，讓我們再順
著文化路往下走一段路。看！右邊牆壁上竟然出現了成發居
的正面結構圖樣。就讓我們好好瞧瞧吧！

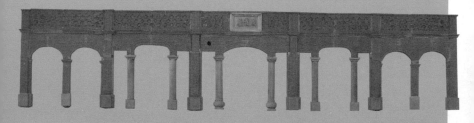

文化造街　厝邊逗陣

由於文化路居民認為，都市中再沒有比水泥高牆更醜陋的了，因此決議集合社區資源，將冷硬的水泥磚牆改造成美侖美奐的藝術磚壁，表現出土地開拓、街市形成、陶瓷發展等三個鶯歌發展的歷史過程。是不是很美麗呢？

　　這幢由五間連式建築所構成的建築，因為是當地望族陳發的舊居，所以取其諧音稱為「成發居」。看看牆上的說明，有沒有看到什麼熟悉的名詞呢？

　　答案揭曉——就是「亭子（仔）腳」、「清水磚」、「女兒牆」幾個名詞啦！再仔細的觀察文化路上的建築，你會發現，這些可不只是成發居的特色而已唷！不信的話，就看看牆上的說明吧！

◀ 賀伯颱風的肆虐，也使得成發居二樓的女兒牆部分受到損害，現在已經看不到原始風貌了

　　還記不記得我們在三峽民權老街也看過擁有同樣特徵的建築呢？在這裡也可以看到。

想一想，為什麼這兩個地方的建築特色如此相近呢？（如果你先來鶯歌，可以翻到前面三峽民權老街的部分，看看相關說明喔！）

_____

_____

_____

二、汪洋居

　　在成發居附近，我們馬上可以看到另一幢老宅——汪洋居。建於西元1916年的汪洋居，是鶯歌最早的二層西式洋樓。那仿歐洲巴洛克式的建築風格、頂層的山牆立面與女兒牆，以及四根柱子頂上的甕形收頭裝飾，是不是又讓我們聯想到三峽民權老街的建築風格？採用多格式玻璃結構的窗戶，在當年可是非常氣派豪華呢！

▲ 正面的山牆立牌

▲ 對街的牆壁上一樣有著
汪洋居的正面結構圖

再來比較一下，三峽老街上的古厝
和汪洋居，有哪些地方是比較
不一樣的呢？

也要注意騎樓的形
式、柱子、柱頭等
地方唷。

_____

_____

_____

　　除了成發居及汪洋居，牆壁上還有兩幢古建築的正面結構
圖，你看到了嗎？它們分別是「益成記」與「農會穀倉」，
對鶯歌的發展也有著無法磨滅的地位。

三、益成記

　　益成記的全名是「益成
記陶器製造所」，成立於
1924年。當年，全鶯歌窯
場所生產的陶器，都得先
送到這裡來集中，再銷售
到全台灣各地呢！它的重
要性可見一斑。

　　雖然由於時代的變遷，

這麼具有紀念意義的益成記，也於2003年拆除了，但是我們仍然可以從結構圖中看出它的特色。問題來囉：

你知不知道，益成記與其他文化街上的建築相比，最獨特的地方是什麼呢？

_____

_____

尤其注意「女兒牆」的部分喔！

四、農會穀倉

　　建於西元1916年的農會穀倉，是由清水磚及檜木製成，外形獨特，內部則設有碾米設備。當農業仍是鶯歌主要產業的時候，這裡一度還是全台最古老的碾米廠呢！

　　儘管地方人士努力爭取，穀倉仍然在2007年8月被無情的拆除，如今只留下牆上的手繪畫磚，供人憑弔了。

小朋友，你覺得古蹟的保存有沒有必要呢？為什麼呢？

_____

_____

第2站

▶▶▶ 鶯歌陶瓷
博物館

來到鶯歌一定會來到的——籌建12年，耗資數億元打造
而成的鶯歌陶瓷博物館（通稱陶博館），可是國內第一座專
業陶瓷博物館喔！

鶯歌陶瓷博物館

第一次到訪陶博館的小朋友，可以參
加館方每日定時舉行的免費導覽，行
程約1小時。導覽場次與時間為：週二到週五，每天10:00、11:00、15:00
各一場；週六、日或例假日，每天10:00、11:00、14:00、16:00共四場。
集合地點均在一樓大廳服務台前。透過導覽人員的解說，你可以更快了解
陶博館主要的常設性展區及內容，於導覽結束後，再依個人興趣進行更深
入的參觀。小朋友可以好好利用。

　　這裡不僅館內收藏豐富，連館外也有許多值得觀賞的祕密景點。靠近一看，你一定會先被陶博館特殊的外觀所吸引，這可是設計師精心設計的呢！不僅是建築本身，連外圍的空地也聚集了多位陶藝家的創意與巧思，讓陶瓷藝術更接近大地，也更接近生活。

　　陶博館是一幢地上三層、地下二層的建築，在進入陶博館之前會經過一座陸橋，兩邊分別矗立著大型陶藝作品，等會我們可要下去好好瞧一瞧。

　　正式進入陶博館一樓大廳，左前方是橢圓形的「觀眾服務台」，左後方是可買紀念品的「陶品店」。我們先來服務台瞧瞧。哇！一靠近就會有親切的服務人員來招待你。我們先來拿份陶博館的簡介吧。（陶博館有不定期的陶瓷體驗活動，平時也有固定的DIY課程，如果你想嘗試看看，記得先向服務台洽詢。）

◀ 精美的導覽折頁，
　有中、英、日三種
　版本

服務台與陶品店之間，設有置物櫃和蛇窯中段的模型。是的，你沒看錯，看起來像一整排藝術品一樣的就是置物櫃囉！如果你有一些不方便攜帶，或是比較沉重的物品，就可以選一個喜歡的置物櫃，把它們放進去保管。

接著，我們走入「入陶之門」──蛇窯中段截面，一起進入陶瓷的國度吧。

耶？看到了一排木材耶！這是「燃料走道」。我們來看一下有哪些木材是適合窯燒的燃料吧！

你知道嗎？

蛇窯

蛇窯源自於大陸，大部分地區都稱之為「龍窯」，在台灣則稱之為「蛇窯」。

蛇窯大多沿山坡地建成，窯頭高，尾部較低，最長可達一百多公尺，以木材為燃料。台灣的蛇窯因為燃料的溫度大約只能到一千多度，所以都是以燒製陶器為主。

【115室】「回首來時路」——台灣傳統的製陶技術

一般來說，陶瓷從黏土燒製而成，製作過程包括了取土、陳腐、練土、成形、乾燥、裝飾、素燒、上釉、燒成等步驟，過程相當繁複。115室簡要的將製作陶瓷的過程分成六大基本單元，透過

實物、圖解說明、影片解說等，小朋友可以更容易了解。

你知道嗎？

台灣陶瓷窯爐的轉變

台灣早期使用的窯爐，有燒柴火的蛇窯和包子窯，日據時期引進登窯和四角窯，發展到現代則多被電窯、瓦斯梭子窯取代。生產線的陶窯則是以隧道窯和滾軸窯為主。

試試看，你的陶瓷知識有多少呢？

一、我知道至少三種將陶瓷裝飾美化的方法：

　　1.＿＿＿＿＿＿＿＿＿＿。

　　2.＿＿＿＿＿＿＿＿＿＿。

　　3.＿＿＿＿＿＿＿＿＿＿。

二、找找看以下問題的解答吧：

　　1.覆蓋在陶瓷坯體表面，那層薄但堅固的玻璃質叫做

　　　＿＿＿＿＿＿＿＿＿＿＿。

　　2.在已經燒成的陶瓷釉面上彩繪，再放入爐中以低溫

　　　（600～900℃）烘燒而成的作品叫做＿＿＿＿＿彩。

　　3.陶瓷製作過程中，在坯體形成之後，第一次進到窯爐

　　　燒製的過程叫做＿＿＿＿燒，溫度大約＿＿＿＿度，燒好

　　　的陶瓷半成品叫做＿＿＿＿。

　　4.接著，在陶瓷上施釉之後，再第二次進到窯爐裡燒製

　　　的過程叫做＿＿＿燒，溫度大約

　　　＿＿＿＿度。

　　走出115室，順著樓梯走上二樓。接
著，讓小博士休息一下，由牛角寶寶帶
你依照順序來參觀吧！

▲ 一進到201室，最醒目的就是那幅在牆上的「台灣陶瓷文化地圖」了

1 回看所來處
Once we were

【201室】「綜觀古今」
——台灣陶瓷的發展

牛角寶寶導覽

這裡的介紹分成二大部分，第一部分以說明台灣陶瓷發展的淵源及特色為主，以歷史和地理為脈絡，分別點出台灣陶瓷發展，以及技術傳播的歷程。第二部分則是以信仰、生活、建築與陶瓷的關聯，展現出陶瓷與台灣人民生活的密切關係。

想一想：
台灣陶瓷的發展順序，是由（　　）部往（　　）部發展。這和台灣漢人的發展歷史是不是相同呢？_____。

轉個身，我們到「各項生活與陶瓷區」去逛逛吧！
小朋友，出發前，先自己想一想，可能有哪些器具是陶瓷做成的呢？

陶瓷使用情形

食　我發現：

1. 吃飯時一定要使用的（　　　），有各種細緻的花紋。連
   放置筷子的筷籠都如此特別。

2. 你知道「蟻除」是什麼嗎？

_____

_____

_____

_____

◀ 連湯匙都有這麼
　多種花樣

住 除了建築房子的裝飾瓷磚之外，還有許多特別的實用品。

1. 睡覺要用的（   ）。仔細瞧瞧裡面還是中空的，聽說可以藏些值錢的物品，再墊上軟墊或被褥就沒有人會發現，可以一夜好眠啦！這可以叫做「高枕無憂」嗎？（習慣睡軟綿或毛製品的我們，實在無法想像。）

◀ 所謂的「高枕無憂」

2. 晚上看完恐怖片以後，不敢上廁所嗎？在房間裡擺個（   ）吧！

◀ 看出這是什麼了嗎

3. 牆壁上有一片好美的瓷磚花樣喔！如果要裝飾房間的話，你會用哪一個？

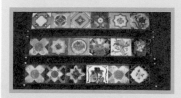

4. 老祖先的智慧——窗櫺。採光通風佳,還有裝飾的功能喔!

5. 下面有幾種不同造型的磚瓦,你知道哪一個是「穿瓦衫」嗎?

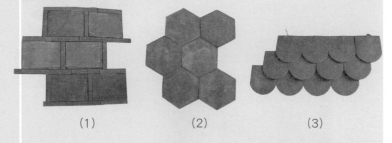

(1)　　　　　　　(2)　　　　　　　(3)

我知道了!＿＿號就是穿瓦衫。

因為＿＿＿＿＿＿＿＿＿＿＿＿＿＿＿＿＿＿＿＿＿＿＿＿＿

＿＿＿＿＿＿＿＿＿＿＿＿＿＿＿＿＿＿＿＿＿＿＿＿＿＿＿。

| 宗教 | 古人相信，人世間有許多神明在保護著我們，所以廟宇通常都是極盡的華麗，希望給神明最好的。 |

▲ 精美華麗的各式神像　　▲ 造型獨特的琉璃瓦

從牆壁上的落地窗往外看，對面就有一座廟宇耶！剛好讓我們一起來看看是哪些地方使用到了陶瓷。

◀ 你找到這間從201室落地窗下往外窺視才看得到的廟宇了嗎

| 其它 | 你還發現什麼特別的陶瓷製用品呢？把它們記錄下來吧！ |

_____

_____

_____

_____

真的是什麼都有，什麼都不奇怪 ▶

　嘿嘿！從這些古人的智慧結晶，可以知道陶瓷和我們的生活是多麼息息相關了吧！

◀ 小心翼翼的
走進去……

哇～～火紅的隧道，▶
會不會燒起來呀

【202室】「傳統碉仔鎮」
──鶯歌的陶瓷發展

牛角寶寶導覽

2 碉仔鎮
Pottery tov

一穿過模擬燒窯過程的火紅隧道，就到了202室。這裡是以「鶯歌陶瓷的發展」為主題，從穿越火紅的隧道窯開始，體驗燒陶時火與熱的試煉；再透過載著各項陶瓷用品的仿古陶瓷火車，還有老陶瓷師傅的紀錄片與鶯歌陶瓷產業的轉型與發展等，讓遊客深刻體認鶯歌的燒陶傳統。

穿過窯道沒多遠，就看到了二台火車台車。
　第一台車載運的是：＿＿＿＿＿＿＿＿。
　第二台車載運的是：＿＿＿＿＿＿＿＿。
你覺得上面載運的不同物品，各代表什麼意義？
＿＿＿＿＿＿＿＿＿＿＿＿＿＿＿＿＿＿＿＿
＿＿＿＿＿＿＿＿＿＿＿＿＿＿＿＿＿＿＿＿

我看到馬桶裡面有螢幕耶！將螢幕放在
馬桶中，有什麼涵義，你知道嗎？

＿＿＿＿＿＿＿＿＿＿＿＿＿＿＿＿＿＿＿＿
＿＿＿＿＿＿＿＿＿＿＿＿＿＿＿＿＿＿＿＿

【203室】「搭上時光機」
——史前、原住民到現代陶
藝的發展

3 穿越時空之旅
Shuttle through time

牛角寶寶導覽

這裡以考古現場的情境與模擬文化層的展示，讓我們從史前時代原住民的製陶文化，發現從歷史到現代，陶瓷和台灣人民密不可分的關係，以及各時代製作陶瓷的精神與意義，進而了解現代陶藝的發展歷程。

進入203室，裡面陳列了好多古物。讓我們來比較一下史前人民、原住民和現代陶藝，有什麼異同之處吧。

史前居民或原住民的燒陶法 ▶

	原　料	製陶方式	用　途
史前時代			
原住民			
現代陶藝			

【204室】「天馬行空任意門」
──工業與精密陶瓷

這裡展示了一個與我們的生活最貼近，卻又令
人感到陌生的世界。在充滿科技化與未來感的展示
中，我們會發現許多生活中的物品，都和陶瓷息息相關。從假牙到機車，
甚至許多的科技產品，竟然都是以陶瓷為不可或缺的原料呢！

進到204室，才發現陶瓷的運用竟
然已經到了這麼高科技的地步！

前面有一台電腦，好像在播放著
影片，過去看看吧。

這裡有好多互動媒體和遊戲體驗
裝置耶！讓我親自動手操作一下！

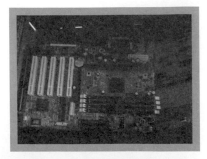

▲ 這……這不是電腦主機板嗎

▲ 連手機也有耶

204室裡有陶博館精心設計的遊戲，你看到了嗎？一起來操作一下吧！

1. 比一比，誰最有磁力？

　　這個長得好像翹翹板的裝置，仔細一看，裡面還有四個小球喔！它們的材質分別是：＿＿＿＿＿＿、＿＿＿＿＿＿、＿＿＿＿＿＿以及＿＿＿＿＿。

　　它的玩法還真的和翹翹板類似呢！將翹起來的一端往下壓，注意觀察，裝置裡的四個小球滾動的速度是不是不一樣呢？哪一個滾動得最快？又代表什麼意思呢？

　　我知道了！＿＿＿＿＿＿＿滾動得最快。

　　這表示＿＿＿＿＿＿＿＿＿＿＿＿＿＿。

2. 比一比，誰最硬？

　　這個有趣又費力的裝置，可能會讓你出一身汗唷！先觀察一下裡面裝的五塊像磚塊一樣的東西，它們的材質分別是：＿＿＿＿＿、＿＿＿＿＿、＿＿＿＿＿、＿＿＿＿＿以及＿＿＿＿＿。

　　只要拿著中間的把手，用力左右平行刷動，就可以根據刷子在這些東西上留下的痕跡深淺，判斷哪一個是最硬的了！

　　我知道了！＿＿＿＿＿＿＿最硬。

　　小朋友，參觀完了一樓與二樓的常設展覽室之後，有沒有對陶瓷有深一層的了解了呢？你能夠通過我牛角寶寶的考驗嗎？

一、陶瓷工業大約分為五大類，試著各舉二個例子來說明吧：

（1）藝術陶瓷：例如＿＿＿＿＿＿＿、＿＿＿＿＿＿＿。

（2）建築陶瓷：例如＿＿＿＿＿＿＿、＿＿＿＿＿＿＿。

（3）衛生陶瓷：例如＿＿＿＿＿＿＿、＿＿＿＿＿＿＿。

（4）日用陶瓷：例如＿＿＿＿＿＿＿、＿＿＿＿＿＿＿。

（5）工業用陶瓷：例如＿＿＿＿＿＿＿、＿＿＿＿＿＿＿。

二、接下來是陶瓷大考驗，試著回答下列問題，來測試一下
　你的功力吧！你能答對幾題呢？

1

拉坯成形法使用的工具為轆轤，轆轤又稱「陶車」。

(　) YES
(　) NO

2

製陶流程大致分為：土、形、飾、釉、火、陶等六部分。

(　) YES
(　) NO

3

傳統陶器裝飾中，造成浮雕效果的技法是「鏤空」。

(　) YES
(　) NO

4

鶯歌陶瓷的發展迄今不到200年。

(　) YES
(　) NO

5

「釉」是一種玻璃質，有保護、美化陶瓷的作用。

(　) YES
(　) NO

6

鶯歌製陶有三寶：煤礦、陶土、鐵路。

(　) YES
(　) NO

7

台灣歷史最悠久的陶瓷產品是碗盤。

(　) YES
(　) NO

8

光復以後，鶯歌才逐漸成為全台灣的陶瓷重鎮。

(　) YES
(　) NO

9

現代陶藝是指以陶瓷為材料進行純藝術、個性化創作，有別於傳統中國陶藝以實用與裝飾為主的範疇。

(　) YES
(　) NO

10

燻油筒是提煉燻油的器具，燻油則是婦女擦在頭髮上的髮油。

( ) YES
( ) NO

11

蛇窯內部沒有間隔，一長條有如隧道。

( ) YES
( ) NO

12

陶瓷神像的尺寸一般很小，作法通常是用模型壓坯成形之後，再作細部刻劃。

( ) YES
( ) NO

13

台灣目前所使用的裝飾紋樣，大多不屬於幾何形紋。

( ) YES
( ) NO

14

台灣史前居民及後來的原住民皆有建窯燒製陶器。

( ) YES
( ) NO

15

以材料科學的角度來看，陶瓷是經過高溫纖密化處理後的有機金屬材料。

( ) YES
( ) NO

　　三樓的四間展覽室、一樓的陽光特展室以及地下一樓的陶藝長廊，每年都會規劃多場不同主題的特別展覽，牛角寶寶沒有辦法帶你一一參觀，因為當你來到這裡的時候，已經換成其他主題的特展了也說不定呢！

　　參觀完陶博館內部的各項展示後，不妨到一樓的陶品店走走逛逛，帶份喜歡的紀念品。若是逛累了或肚子餓了，也可以到地下一樓的餐廳歇歇腳，大快朵頤一番。別忘了翻到第133頁，使用我們特地準備的優惠券喔！

最後，該到戶外去蹓躂蹓躂啦！讓我們去看看外面三件特別的藝術作品吧！

作品介紹

這件作品結合了彩虹和拱門兩者的意象，象徵人類在精神與物質上的平衡。看！簡潔的用色和充滿趣味感的造型，是不是別有一種不協調但平衡的美感呢？

作者 _____

名稱 _____

材質 _____

年代 _____

尺寸 _____

我的感想：

_____

_____

_____

作品介紹

哇!一看這繽紛燦爛的用色,不免讓人心情也雀躍起來了呢!近百朵大小不一、造型各異的陶製彩雲,漂浮在以流瀑為背景的寬大池面上,構成一片熱鬧、繽紛的意象。

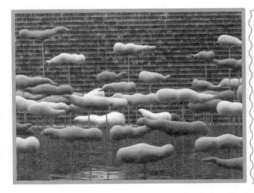

作者 _____

名稱 _____

材質 _____

年代 _____

尺寸 _____

我的感想:

_____

_____

_____

_____

作品介紹

這個由九塊陶塊堆砌而成的藝術作品，座落於陶博館的「月門廣場」，就像是一條前往仙境的通道，為我們揭露出都市和自然景觀的層次韻味。它是否讓你想起了什麼過往的回憶呢？

作者 _____

名稱 _____

材質 _____

年代 _____

尺寸 _____

我的感想：

_____

_____

_____

_____

第**3**站

▶▶▶ 陶瓷老街
新體驗

看完陶瓷博物館，接著就讓小博士接手，帶你到陶瓷老街
去囉！

出了陶博館左轉，順著文化路直走，再穿過火車鐵路涵
洞，往陶瓷老街前進。

▲ 穿過這塊可愛招牌下的涵洞，就到了我們今天鶯歌行的最後一站
——陶瓷老街

　　出了涵洞後，不要急著往前直走，轉個頭向後方瞧瞧，牆壁上竟然也有馬賽克瓷磚的拚貼裝飾耶！涵洞兩邊的文字組合起來就是「陶瓷之美，盡在鶯歌」，而紋路花樣組合起來則象徵了「龍飛鳳舞」，真是「處處留心皆學問」！

　　再往前方走一小段距離，左手邊就是名聞遐邇的鶯歌陶瓷老街了。

▲ 只要在規定的時間內來老街玩，就不用擔心走在路上會被亂鳴喇叭了

▲ 停車場旁有隻好大的鶯歌鳥

陶瓷老街裡面有許許多多的店家，不僅可以看到、買到國內外以陶瓷創作的各式作品，還有許多親手製作陶瓷的課程，琳瑯滿目，應有盡有，真是個深入認識陶瓷發展歷程的好地方。你甚至可以在路上見到不少外國的遊客呢！

我們可以沿著重慶街、尖山埔路、育英街繞一圈，將老街逛透透喔！沿路還有許多好吃的、好玩的、特別的好東西，等著你細心去發現。

▲ 老街上有許多知名的店家，當然也少不了滿滿的逛街人潮

你知道嗎？

陶瓷「新」老街

陶瓷老街原本是指鶯歌的尖山埔路。以前窯場林立的時代，尖山因為接近坏土的產地，所以這一條街便成為當時最早的陶業集散地。民國89年，經過政府統一規劃整修，原本道路兩旁的老舊陶瓷廠房均改建成營業商店，重慶街、陶瓷街、育英街等街道更被整合成一個嶄新的陶瓷商圈，所以其實稱它為「新老街」更為恰當。

一、老街尋寶趣

　　老街的玩法是一間一間的進店裡隨處賞玩，盡情觀賞。我們來找一找老街上有哪些特別的商店吧！

　　小朋友，你以為「陶瓷」指的就一定是像瓦甕、鍋碗瓢盆甚至是馬桶等生活用品，或者是神像、磚瓦等較為莊嚴的製品嗎？那可就大錯特錯了唷！不相信？那就讓我們信步走進重慶街上的「陶笛ㄚ志」看看吧！

　　是不是很有巧思呢？

◀ 這個是哈姆太郎造型的陶笛

▲ 哇～是皮卡丘造型的陶笛

◀ 連Hello Kitty造型的陶笛都有

▲ 這就叫「人鼠一窩」嗎

　　連路上的行人都有可能給你帶來意想不到的樂趣。上前去交個朋友吧！

平衡感真好的狗狗 ▶

　　「喀答喀答……」咦？怎麼遠遠的聽到有馬蹄聲朝這裡走來？哇！還真的有馬耶！

　　原來啊，這是台北縣風景區特有的「騎警隊」。英挺的騎士們，威風凜凜的在街上巡邏，真是帥呆了！原本台北縣只有淡水漁人碼頭、八里左岸公園以及二重親水公園三個地方才有騎警隊，沒想到連鶯歌老街也見得到他們的蹤影。

　　而且，他們除了是維護

▲ 迎面走來兩位
　騎在馬上的騎士

美麗的馬匹，
讓人不禁想上
前撫摸

治安的觀光警察外，本身也是一個
具有可看性的觀光景點。只要遊客想
要拍照留念，他們都會很熱心的配合。
最棒最棒的是，你還可以請騎警哥哥或姐姐，
讓你撫摸他們的坐騎呢！有遇到的話，千萬別錯過機會！

　　小朋友，你有沒有發現什麼有趣的商店、物品，或是別具
巧思的地方呢？

（貼上照片）

（貼上照片）

我覺得這家店有特色！
店名是：＿＿＿＿＿＿＿＿。
門牌號碼是：＿＿＿＿＿＿。
它的特色是：＿＿＿＿＿＿
＿＿＿＿＿＿＿＿＿＿＿＿＿
＿＿＿＿＿＿＿＿＿＿＿＿＿
＿＿＿＿＿＿＿＿＿＿＿＿＿

我發現了有趣的小地方！
它的特色是：
＿＿＿＿＿＿＿＿＿＿＿＿＿
＿＿＿＿＿＿＿＿＿＿＿＿＿
＿＿＿＿＿＿＿＿＿＿＿＿＿
＿＿＿＿＿＿＿＿＿＿＿＿＿

二、鶯歌民俗陶藝體驗

來鶯歌，不管是見證台灣陶瓷發展或是購買陶瓷藝品，都要來一趟陶瓷動手DIY，這樣才能真正體會和泥土相親相愛的快樂。

在老街上，有許多的店家和工作室，都提供陶藝DIY的服務，讓你盡享邊看、邊吃、邊玩、邊體驗的樂趣。每一個店家當然都有它的特色，你可以依自己的喜好，選擇喜歡的店家去體驗。

陶與瓷

平常我們都說「陶瓷陶瓷」，但其實，陶和瓷可是有差別的喔！一般來說，它們主要就差在製作時所使用的不同成分的黏土。

陶土，指的是土質較粗，金屬氧化物含量較高的黏土，只能燒到約攝氏800～1200℃。如酒甕、花盆等器皿，多是陶土製成。

瓷土，指的是土質較軟，金屬氧化物含量較少的黏土。瓷器的燒製需要約攝氏1200～1450℃，燒過後呈白色。如碗盤等製工較為精細的器物即屬於瓷器。

以下小博士介紹兩個在陶瓷老街中較有特色，而且可供體驗陶藝製作的店家給大家做個參考。你也來製作一個專屬自己，獨一無二的紀念品吧！

你知道嗎？

陶瓷體驗

在老街上提供陶瓷體驗的店家當然不只小博士介紹的這幾家，在你進行老街尋寶時，如果有發現其他店家也有提供陶藝製作，也可以參加喔！
而這裡介紹的新旺陶藝和釉之華，從陶瓷講學到個性化陶藝製作的整套體驗課程都經過精心設計，讓你可以更方便、更輕鬆的體會陶瓷之美。你還可以從他們的網站上得知進一步的資訊。

【新旺陶藝紀念館】

　　這裡有寬敞明亮的教室及展示中心，多樣化的體驗教學活動，讓你有許多不同的陶藝DIY可以選擇。如果你和朋友一起來，可以事先團體預約，工坊還會有專人詳細解說各種陶瓷的知識，讓你們不虛此行，滿載知識而歸。事不宜遲，就讓我們進去看看吧！
　　一踏入新旺的大門，目光立即就被它的擺設與陶藝作品給吸引住：原來陶瓷可以這麼具有現代感！

你知道嗎？

新旺的過去與現在

新旺陶藝紀念館是老街上最大的陶藝商店，別看它外表現代感十足，它可是擁有數十年歷史的「老」店呢！

許新旺先生自1941年從父親手上接下了磚瓦廠以來，便致力推動陶瓷文化的發展。不僅率先自日本及歐洲等地引進最新的窯爐，經過了兩代的努力，終於成功將磁磚製造，推向了嶄新的高峰。1995年，為因應時代的變化，昔日的舊廠房重新改建為現在我們看到的新式店面，並以「新旺」命名，以紀念他的貢獻。

現在的「新旺」由許家的女婿謝宇明老師主持，期望承繼著新旺先生的精神，讓鶯歌的陶瓷文化，揚名國際。

▲ 看到這樣的擺設，你還會覺得陶瓷只是古老的手藝嗎

再往裡面走，就會看見「陶藝教學中心」了，這裡就是進行陶藝教學與製作的場地之一。

◀入場請購票

▼上課囉！同學請就位

◀這些就是製作手拉坏的設備

見到一樓這麼光鮮亮麗的外貌，你一定很難想像，其實，這裡是以前的製窯廠，到現在還保留了傳統的特色呢！不相信？讓我帶你到二樓去瞧瞧。

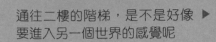

通往二樓的階梯，是不是好像 ▶
要進入另一個世界的感覺呢

　　踏上二樓，有沒有嚇了一跳？眼前許多的設備，可都是以前製作陶器的機器呢！

　　看看它的造型，你能不能猜出這是製作什麼瓷器的機器呢

　　我知道了！這是製作 ＿＿＿＿ 的機器。

　　「灌漿」是陶藝製作的一種技術，能夠在完成的陶器或瓷器上留下花紋或是文字。但是你知道嗎？製作出這些陶器或瓷器的「模子」，上面的花紋或是文字必須要是相反的，完成品才會是你想要的模樣。你能看出右方模子的紅框框裡面，正面應該是什麼文字嗎？

　　我看出來了，它寫著 ＿＿＿＿＿＿＿。

也好好的逛逛「時光隧道」吧！

▲ 讓我們回到過去

▲ 打開中國陶瓷史

　　還記得嗎？小博士在上一站裡為你解說「台灣陶瓷窯爐
　　的演變」時，曾經提到較為現代化的「瓦
　　斯窯」，沒想到在這裡竟然也看得到
　　呢！

◄咦？二樓也有陶藝教室
耶？原來這裡是會員上課
的地方

　　怎麼樣？小博士沒有騙你吧？有
　　沒有學習到很多豐富的知識了呢？
　　從古老的時光隧道中踏入富麗堂皇的
　　大廳，真讓人有時空交錯的感覺呢！

【釉之華～活的藝術教育館】

從新旺陶藝紀念館出來，往老街的另一端走，前往我們的下一個地點——釉之華。

釉之華是陶藝家黃永全在1985年於桃園成立的陶瓷教育館，1999年搬移至陶瓷老街。店裡面也有多樣化的陶藝教學活動，並兼作校外教學、親子活動、鶯歌旅遊的專業規劃及導覽等，甚至還提供飲食服務呢。

進入店門口，我們先往左邊看過去。咦～這裡是餐廳呀。

▲ 在透明玻璃下的，竟然是一件件的陶瓷作品

這麼特別的餐廳，當然要有特別的餐點來搭配啦！那就是知名的料理「泥漿粥」與「甕仔麵」。

泥漿粥其實是芋頭粥，既然如此，又為什麼要取名為「泥漿粥」呢？

_____

_____

_____

　　盛泥漿粥的餐具是不是很特別呢？盛粥的主餐具是窯爐形狀的「聚寶盆」，其他餐具也都代表著傳統的製陶設備，你能看得出來，它們分別是什麼嗎？

為什麼叫
「聚寶盆」
你知道嗎？

我只想吃……

聚寶盆

另一道特別料理是「甕仔麵」，顧名思義，就是將牛肉麵裝在特製的陶甕中。

▲甕身還有可愛的窯爐紋路

泥漿粥與甕仔麵的餐具，可是黃永全老師精心設計的作品，擁有獨家專利呢！因為有搭配送餐具的套餐，這些餐具的數量當然是越來越少，之後也不知是否會再製，所以要把握機會去看看這特別的作品喔！

黃老師的設計還不僅於此，「陶瓷餅」也是他另一項力作。別擔心，這當然不是陶瓷做的餅，而是做成煙囪與陶瓷製品外型的餅。仔細一看，上面還寫有「平安」、「高昇」、「興旺」、「福祿」和「圓滿」等吉祥話耶！

其實是我吃掉了……

咦？中間怎麼是空的？老闆～你少給了一包 ▶

看完了獨具一格的美食，接下來讓我們回到入口的地方。往另一邊走過去，唯～這裡是陶藝教室呢。

　　剛好遇上兩位前來玩陶的民眾，來看看手拉坏的製作過程吧！

　　第一步，先用力將陶土拍實。如果留下縫隙，之後在窯爐中燒製時，可是會「爆坏」的呢！

我拍、我拍、我拍拍拍……

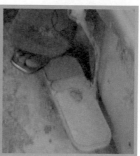

　　第二步，將拍實的陶土用力砸在拉坏機上，準備踏下踏板啟動囉！注意到了嗎？拉坏機的轉動方向是順時鐘還是逆時鐘方向轉呢？為什麼？

　　我知道了，是＿＿＿＿＿＿方向轉的。

　　因為＿＿＿＿＿＿＿＿＿＿＿＿＿＿＿。

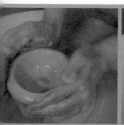

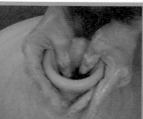

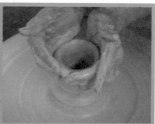

然後就是慢慢的塑造出自己想要的樣子啦！

◀哇！怎麼忽然變成四隻手了

◀原來是師傅的手。店裡的師傅非常親切，在你拉坏的過程中，會適時的出手幫你。這下子不用擔心了，真是太好囉

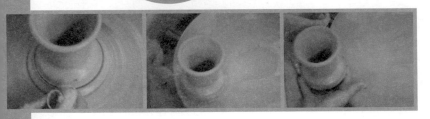

拉好坏形之後，就可以將成果從機器上輕輕取下來了。瞧，取下過程中所使用的工具是細竹棒與細繩耶！是不是很有趣呢？

鏘鏘鏘鏘～這就是拉好的坏壺啦！之後還可以在上面做各種花樣的裝飾，再交給店家，由他們幫你把坏壺陰乾後放入窯爐，就會燒製成我們一般看到的瓷器了。你也來製作一個專屬你自己的作品吧！

★ 超級大難題～

　　小朋友，相信你已經將鶯歌老街大致瀏覽了一遍，今天的鶯歌之遊也即將告一段落了，就讓小博士來考一考你。接招吧！

　　不知道你還記不記得另一條老街——三峽的民權老街呢？三峽與鶯歌這兩個歷史悠久的古鎮，以各自擁有的「老街」著稱，成為觀光旅遊的好去處。但是你知不知道，這兩條老街最大最大的差別在哪裡呢？

可以往前翻翻「你知道嗎？」，會找到有用的資訊唷！

注意兩條老街的建築特色，你覺得鶯歌老街的建築夠「老」嗎？

資訊補給站

◗◗◗ 山林寺廟訪幽之旅

　　因為鶯歌石與我們的主路線隔了一段距離，而且不管是從火車站景點，或是在步道上行走，可能都需要爸爸媽媽的幫忙，所以我們把這部分的內容放在最後面給你參考。如果有興趣的話，下次來鶯歌不妨過來走走。

　　通往鶯歌石的登山步道已經規劃成山林公園和步道景點，不僅花木扶疏、景觀宜人，沿途更有許多涼亭可供遊客休憩，可說是個適合爬山健行，享受鳥語花香的地方。而且，附近還有碧龍宮與宏德宮這兩個鶯歌著名的寺廟，一前一後與鶯歌石串連成一條相當具有旅遊價值的觀景步道。

　　通往山林公園的步道共有三個入口，分別串連著三個景點。如果只是單純的選擇某一個景點觀察，可以選擇任何一個入口；但如果想要每個景點都走透透，那麼小博士建議你從碧龍宮或宏德宮開始，才能順暢的遊賞整條鶯歌石登山步道。現在，就跟著小博士與牛角寶寶，一起前去山林寺廟訪幽吧！

牛角寶寶導覽

通往鶯歌石步道三個景點的入口分別是：

第一入口碧龍宮：由中正一路往樹林方向，過台華陶瓷之後，約500公尺左轉碧龍巷上山。

第二入口鶯歌石：從中正一路、文化路交叉口斜對面（轉角是傑作陶藝）的成功街巷子進入，到底後右轉，就可以看到往上的階梯了。

第三入口宏德宮：從中正一路301巷進入。

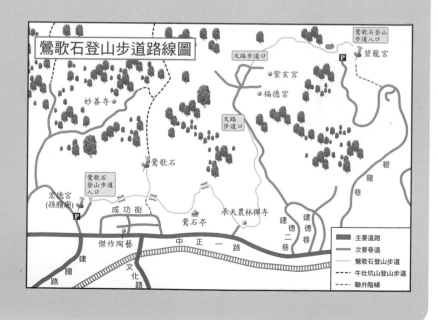

鶯歌石登山步道路線圖

鶯歌石登山步道入口

碧龍宮

叉路步道口

紫玄宮

福德宮

妙善寺

叉路步道口

鶯歌石

碧龍巷

宏德宮
(孫臏廟)

成功街

鶯石亭

承天農林禪寺

建德二巷

建德巷

傑作陶藝

中正一路

建國路

文化路

▆	主要道路
─	次要巷道
─	鶯歌石登山步道
┅	牛灶坑山登山步道
┄	聯外階梯

一、鶯歌火車站→碧龍宮

鶯歌石步道的兩個主要入口（或說是兩個出口）分別在碧龍宮與宏德宮，不管從哪一個入口進去，都可以暢遊步道全景，也各有道路與中正一路相通。不過因為從碧龍宮出發的路段幾乎都是下坡，後半段的步道也有許多的休息設施，所以小博士今天特別從碧龍宮開始進行訪幽之旅。準備好了嗎？Let's Go！

從鶯歌火車站文化路出口出來左轉，就是往碧龍宮的方向。文化路的這一頭雖然沒有如古厝那邊的美麗裝飾，路邊的景致卻是一樣怡人。一大清早過來，走在寧靜的街道上，彷彿會讓你忘了煩人的瑣事呢。

◀ 乾淨的街道與路邊造景，使得文化路走起來特別令人感到舒服

在這條路上，沒有與其他主要道路相連，所以可以放心的沿路前進，不用擔心會拐錯彎。只是走到可以看見鐵路平交道的地方，要特別注意：我們應該要往左轉跨越平交道才對，不要向右手邊通往「鶯歌石餐廳」的下坡走去喔！

穿越平交道時要小心喔 ▶

▲ 中正一路兩旁牆壁的裝飾也相當有看頭

穿越了平交道後，我們就走上通往樹林的中正一路了。也別忽略了道路兩旁的特別裝飾。

在大太陽底下走了這麼久，好累喔！終於，看到了往碧龍宮的入口——碧龍巷了。

◀ 看到這個轉角，就知道碧龍巷到啦

雖然叫碧龍「巷」，但與一般巷子不同的是，這是一條向上的斜坡。雖然坡度不算陡，兩旁的大樹也為你擋住了烈日，但是走起來可能會感到有些吃力。往右邊山壁一看，哇！樹林下的泥土怎麼鬆垮垮的啊？感覺一下雨就會產生土石流。為什麼會這樣子呢？你覺得有沒有什麼方法可以改善這種情形呢？

◀ 高處的樹林為你擋住了灼人的烈日，不用擔心被曬傷囉

請千萬小心 ▶

易崩塌危險山區，請小心落石。
鶯歌鎮公所製

　　雖然平時這條小巷子人跡罕至，但卻是一點也不平靜呢！在熱鬧的蟬鳴鳥叫聲中，竟傳來了一聲聲嘹亮的號叫，往上一看，聲音的主人──覓鵟正在凌空盤旋呢！覓鵟是鷹隼類的鳥類，在三峽、鶯歌的山林中常常可以見到牠們的身影呢！如果沒有看見也沒關係，碧龍宮上的視野更廣闊，可以看得更清楚。再加緊腳步吧！

　　走啊走的，當你看見一條通往左邊的叉路時，已經快要到我們的目的地了！往你的左上方看，看見碧龍宮了嗎？

仰望碧龍宮 ▶

要走右邊那一 ▶
條才對喔

▲ 靜立在樹林間的碧龍宮階梯

▲ 看起來有點陡

▲ 一面觀賞兩旁的扶疏翠綠一面登高，終於到了

　　再往前繞過一個彎道，就可以看見通往碧龍宮的階梯了。如果是爸爸媽媽開車帶你上來，可以繼續往前開到碧龍宮的停車場，從左邊階梯上去；或者也可以讓你從這裡開始拾階而上。

二、碧龍宮

　　由金色和紅色構成的碧龍宮，獨自挺立在山間，原本就很顯眼；靠近一看，更是金碧輝煌，光彩奪目。

　　碧龍宮裡面所供奉的神祇，和一般傳統廟宇中常見的媽祖、恩主公、觀音菩薩等都不同——裡面供奉的是一顆「靈石」。因土而興的鶯歌，似乎冥冥中就注定著信仰的對象也會和土有關呢！。

　　相傳在60多年前的台灣光復初期，村民們無意間在樹下發現一顆奇怪的大石頭。這顆大石頭不僅看起來像一隻烏龜，龜殼上竟然還有著八卦圖紋！他們在驚訝之餘，紛紛揣測它的來歷，最後竟然開始膜拜了起來；有人的宿疾還真的

因此康復了！從此一傳十、十傳百，從當地以及遠方前來祭拜的信徒絡繹不絕，最後大家便合資興建了這座廟宇，命名為「龜公廟」。因為「龜公」不是很好聽，所以後人便將它改為「碧龍宮」。

祭祀靈石的地方，並不是在正殿，而是在正殿後方的上層殿堂裡。千萬別錯過了唷！你可以直接從右側的走道，或從正殿中右邊的後門找到通往上層殿堂的階梯。

最上面的殿堂內奉祀的是伏羲大帝；而第二層的建築，就是祭祀靈石的地方。為了保護靈石，廟方特別將它收藏了起來，廟裡的服務人員說，他在這工作了一個多月才發現這塊靈石的存在！眼睛睜大，你能不能找到它呢？

不相信找不到你。

正殿右方的走道有指示牌，你看到了嗎？沿著扶梯往上走就對了 ▶

伏羲氏與八卦

伏羲氏是中國遠古傳說中的帝王。相傳他有一天遇到一匹龍馬，背負著一幅圖畫從黃河中騰越而出，他便依據此圖畫成了八卦。這就是《宋書》中說的「受龍圖，畫八卦」。人們也因此尊稱伏羲氏為「八卦祖師」。由於靈石背後有八卦圖像，所以八卦祖師便成為碧龍宮的守護神了。

這麼靈驗的靈石，我們也來祭拜許願一番吧！

寫下我最想完成的願望吧：

_____

_____

_____

　碧龍宮外有個平台，附有觀景設備，可以眺望整個鶯歌市景。我們也來欣賞吧！有沒有看見翱翔天際的覓鶿呢？

▼ 從碧龍宮眺望鶯歌市景

三、鶯歌石登山步道

　　剛剛我們從正殿右方去探訪靈石與八卦祖師，現在讓我們走向左方的走道，你將會發現左手邊有一條向下的階梯，這就是前往鶯歌石登山步道的路囉！

　　看看手上的地圖，你會發現鶯歌石登山步道其實可以分成兩段，中間被一條馬路給隔開。由於前半段的路程不到後半段的一半，路上並沒有長椅或是涼亭供你休息，所以雖然這段路幾乎都是下坡，也請在碧龍宮充分的休息與補充飲水後再出發。

◀ 碧龍宮停車場。爸爸媽媽可以將車輛停在這裡，再經由剛才下來的階梯前往碧龍宮

你知道嗎？

牛灶坑山登山步道

其實這裡還有另一條登山步道——牛灶坑山登山步道。從碧龍宮往北走約15分鐘就是牛灶坑山了，從那裡還可以通往石灰坑山，甚至到樹林的山區。不過今天我們不走這條步道，所以別走錯了喔！

　　看到停車場後右轉，就會看見鶯歌石登山步道的入口，從這裡到宏德宮的距離大約是2.1公里，路邊設有步道的介紹圖和指標。從這裡開始，我們要走上一段與之前的路徑完全不同的行程，讓我們一起來趟「芬多精之旅」吧！

▲ 看到水池就確定沒走錯了

▲ 從停車場往右轉，就正式
踏上了鶯歌石登山步道

 你知道嗎?

芬多精

你有沒有聽過「芬多精」或是「森林浴」等名詞呢?你知道它們的意思嗎?
所謂的「芬多精」，是指植物所散發的一種揮發性氣體，這種氣體可以殺死
空氣中的細菌;而所謂的「森林浴」，指的就是漫步在森林中，吸入大量的
芬多精和植物的香氣等，讓人頓覺神清氣爽，可不是指在森林中沐浴喔!

◀ 走在靜謐的登山步道
上，一面呼吸著森林中
的芬多精，這可是都市
居民享受不到的

◀ 走過這段上坡階梯，就都是比較輕鬆的下坡路了

　　走在步道上，是不是不會怎麼累人呢？其實整條步道都是水泥路面，或都鋪上了水泥磚梯，而且幾乎都是下坡路段，走起來真的是輕鬆愉快呢！

忽然看見大馬路，跟緊喔，▶
別走叉了

　　穿過參天的樹林，忽然間感到眼前一亮，原來是一下就走完前半段的步道了，還真短呢！接下來會看到兩個叉路，第一個小叉路往左邊看就是紫玄宮，讓我們轉向右邊，沿路向下走；再往前一些是另一個十字路口，不要向左轉或向右轉喔，繼續往前走就對了。

◀ 左手邊是紫玄宮。
讓我們朝右手邊，
沿路往下走

▼　只要遵循著指標，
就不怕走錯路了

記載著鶯歌地名來由的「鶯歌石記」 ▶

來到另一端的叉路入口，左邊往山下去的道路可以對外連到中正一路，我們要走的是右邊坡度有點向上的那條。路口有座好大的「鶯歌石記」牌坊，上面記載了鶯歌石傳奇的始末。故事內容雖然離奇，但是卻為鶯歌石增添了一抹神秘的色彩。讓我們穿越叉路入口處的隧道，踏上下半段步道吧！

你知道嗎？

鶯歌石傳奇

相傳明朝末年鄭成功在台灣的時期，三峽與鶯歌地區各有一隻怪鳥，隔著大漢溪兩岸東西對峙。有一次鄭成功率領軍隊經過這裡，被怪鳥吐出的瘴氣阻礙，便命令士兵砲轟兩隻怪鳥，為人民除去了禍害。一邊的鳶鷹死後變成了三峽的「鳶山」，另一邊的鶯歌鳥就變成了「鶯歌石」。

還有一種說法是，鄭成功當時是彎弓搭箭射死二鳥，鶯歌石頸部的山洞據說就是弓箭的箭孔呢！等會我們也看得到喔！

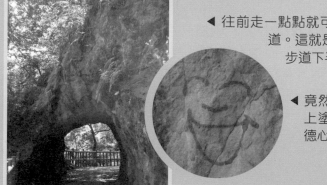

◀ 往前走一點點就可以看到的隧道。這就是鶯歌石登山步道下半段的入口

◀ 竟然有人在山壁上塗鴉，真沒公德心

有沒有發現身旁的設施多了起來，周遭的景觀也更加怡人了呢？原來啊，這裡也是著名的鶯歌「山林公園」，整座公園依山而建，鶯歌石步道便是從中穿過，怪不得這麼漂亮。仔細一看，連路邊的涼棚也是經過特別的設計，遮陽棚枝葉繚繞，時而還有昆蟲穿梭其間呢。

◀ 累了嗎？坐下來
休息一下吧

　　走著走著，路邊忽然出現一片現代化的磁磚牆壁，原來是步道的中繼點「承天農林禪寺」到了。可以在這裡稍稍歇息一下。

　　從禪寺的平台望出去，竟然只看到一片光禿禿的土地，上面還有幾輛「怪手」在施工，和我們身處的自然環境做個對比，真是天壤之別。都市化的過程，雖然讓生活變得更加便利、舒適，但卻也犧牲了原有的景觀。你覺得這樣的犧牲值得嗎？為什麼？

光禿禿的平地 ▲

告別承天農林禪寺，繼續踏上山林步道，沒多久，就會看見一座小橋。有橋應該就有水，正想說有沒有小溪可以休息一下，玩一玩水，沒想到看到的卻是涓涓細流……。

◀ 整條步道有幾座這樣子的小橋呢？你知道嗎

造型與其他涼亭▶
都不一樣

過了這條小橋，沒有多遠就來到一座步道中規模最大的涼亭。你知道它的名字是什麼嗎？

我知道了！它的名字是＿＿＿＿＿＿＿。

再往前經過一條構造相同的小橋，咦？有一條往右上方的樓梯和另一座牌坊耶！靠近一看，原來又是一塊和叉路入口一樣的「鶯歌石記」。怎麼在這裡又擺上一塊呢？莫非鶯歌

石就在不遠的地方？

　　你猜對了！從前方的樓梯往上，就是鶯歌的地標「鶯歌石」了！但是這裡卻沒有明顯指出鶯歌石的標示，樹上也只有前往「忠義山」、「忠義宮」的指示牌。還記得小博士第一次來的時候，就是因為找不到標示，不敢隨便亂走，所以就錯過這裡了呢！

真呆，一般人應該不會錯過吧……？

◀ 往忠義山與忠義宮的指標

　　讓我們離開鶯歌石步道，先沿著樓梯上去看看吧！注意觀察這條階梯的材質，與之前一路走來的步道相比，是不是完全不同呢？沿著樓梯向上走約五分鐘就可以看到鶯歌石囉！

通往鶯歌石的階梯，▶
連材質都不一樣

　　終於到了著名的鶯歌石了，看！是不是好像一隻金剛鸚鵡棲息在半山腰呢？

　　鶯歌石本身是玄武岩質的火成岩，當台北盆地陷落時，位於斷層旁的鶯歌石岩塊便因為受到擠壓而抬升上來，形成了陡峭的山壁；後來因為風化侵蝕，使得岩塊中較堅硬的玄武岩質裸露出來，這就是我們現在所看到的鶯歌石。

◀ 這就是鄭成功射出來的箭孔嗎？裡面還供奉著關公呢

　　循原路走下階梯，返回鶯歌石步道上，再往前走沒多久就看到步道的另一個入口。恭喜你順利完成鶯歌石登山步道之旅囉！

四、宏德宮（孫臏廟）

　　從登山步道出來，就到了我們山林訪幽之旅的最後一站——宏德宮了。

　　興建於民國58年的宏德宮，是全台灣第一座祭祀孫臏的廟宇，所以又稱為「孫臏廟」。

孫臏

戰國時期的齊人，本名不詳。曾學兵法於鬼谷子。因為受到擔任魏國將領的同門龐涓的陷害，受到被削去雙足的「臏刑」，而名為「臏」。

後來孫臏被齊威王拜為軍師，先率領齊軍在桂陵痛擊魏軍，其後更於馬陵之戰擊殺了龐涓，名聞當世。

宏德宮至今仍是台灣祭祀孫臏的廟宇中最大的，有沒有看見廟宇後方那巨大的孫臏神像？它的高度可是超過6公尺呢！廟口還有另一座神像，它是「五路財神」中的趙公明。

趙公明

趙公明是出現在小說《封神演義》中的人物，被姜太公封為神祇。民間將祂與其他四位神祇——招寶、納珍、招財、利市，並稱為「五路財神」。

宏德宮不只外形華麗，連牆壁上都暗藏玄機。哇！「孫臏隨魏使下山」、「孫臏一旗破法」、「鬼谷子天書指迷津」、「三聲炮響，孫臏安下坐鎮營寨」……，簡直是由一

◀ 別具風味的石雕畫

仔細瞧瞧下 ▶
方的台座

幅幅故事組成的嘛！甚至連石獅下方的台座都有！你知道什麼關於孫臏的故事嗎？

　　小朋友，再次的恭喜你！你順利完成我們的「山林訪幽之旅」了！會不會累呢？從碧龍宮一路走來，漫步在靜謐的鶯歌石登山步道中，我們觀賞著四周的自然美景，呼吸著清新的空氣，讓心靈遠離塵囂而得到充分的休息。以前，從老街上就可以直接望見山腰上的鶯歌石，現在我們卻被幢幢林立的高樓給包圍起來了。誰也不知道這樣的美景能持續多久，我們只能趁著還有機會，趕緊將它們收藏在記憶中。你有沒有什麼感想呢？

鶯歌許多好吃的小吃，主要分布在三大區：老街區、中正一路街區、南雅路夜市區，讓我們一起來趟美食「小三通」吧！

鶯歌老街美食小三通

鶯歌

【陶瓷帶著走的鶯歌老街】

來到老街廣場，可以看到許許多多的美食和商店。有別於其他的地方，這裡很多店家都推出只要在店中喝咖啡就可以帶走一組咖啡杯、如果用餐就可以帶回陶製餐具的特別方案，都深受遊客喜歡喔！

【藝術氣息的富貴陶園】

富貴陶園的入口分成左右兩邊，左邊的藝廊，是高雅的陶瓷館；右邊的才是餐館入口唷！這裡到處都擺有藝術名家設計的作品，真正讓我們感受到什麼叫做「藝術即是生活，生活要有藝術」。

【泥巴也能吃的釉之華】

第三站中也有介紹的，這裡最特別的料理就是「泥漿粥」與「甕仔麵」了。芋頭粥與牛肉麵盛在特別設計的餐具中，真是色香味俱全。

中正一路美食小三通

【爽朗豪邁的勇伯垃圾麵】

勇伯料理豬骨湯頭從不去渣，麵湯的色澤才顯得混濁，而被戲稱為「垃圾麵」。你可別嚇到了。

【香滑柔嫩的彰鶯肉圓】

創立於民國57年的彰鶯肉圓，循古法製成。金黃Q軟的外皮，包裹著香軟滑順的內餡，讓人不禁食指大動。

【俗擱大碗的阿婆壽司】

已經傳至第二代的阿婆壽司，是鶯歌最知名的美食。他們只賣最傳統的三種壽司：海苔壽司、豆皮壽司及蛋皮壽司，堅持讓客人以最便宜的價錢，吃到最豐盛、最好吃的壽司料理。

【料多味美的蚵仔麵線】

除了壽司、垃圾麵與肉圓,「鶯歌四大美食」還包括了「鶯歌蚵仔麵線」。這裡的蚵仔麵線有20多年的歷史,食材新鮮又實在,還可以吃到甜不辣、豬血糕等道地小吃喔!

南雅夜市美食小三通

在南雅路上,每天一到傍晚,就陸續有攤販出來設攤了。要吃好料的,別太早過來呀!

鶯歌

【手工製作的水煎包】

手工製作的外皮桿得又薄又有嚼勁,內餡豐富又實在,大口咬下,高麗菜的香甜與肉汁的芬芳四溢,真是不可錯過的好滋味!吃慢點,小心裡面的肉汁燙口喔。

【香脆酥炸的臭豆腐】

民國47年開業到現在的方記臭豆腐,總是大排長龍。那外皮炸得香香酥酥的臭豆腐,外酥內軟的口感,再加上酸酸甜甜的泡菜,真是人間美味。

憑本券至鶯歌陶瓷博物
館陶品店消費，可享百
元以上商品
（書籍及CD除外）**9**折

- 本券不可折換現金。
- 本折扣不可與其他優惠同時
  使用。
- 塗改、影印或重製無效。

憑本券至鶯歌陶瓷博物
館餐廳消費，可享下午
茶（蜂蜜或巧克力鬆餅＋奶
茶或紅茶）

乙份 **100** 元

- 餐廳得依現場實際供應狀況，調整
  為其他等值之午茶內容。
- 本券不可折換現金。
- 本折扣不可與其他優惠同時使用。
- 塗改、影印或重製無效。

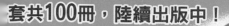